ソーシャルスキルとしての
あそび ルール 攻略ブック

子どもの心と発達の相談ルーム
「ここケット」代表・臨床心理士
大畑 豊 著

かもがわ出版

はじめに

クラスのみんなといっしょに、あそびたいですか？
みんなとあそぶのと、ひとりであそぶのとでは、どちらが楽しいですか？
ひとりであれこれ想像しながら、あそぶのも楽しいでしょう。
でも、みんなとあそぶことは、楽しいだけではなくて、
ともだちとなかよくなったり、気持ちがすっきりしたりします。
自分の知らないことを、ともだちからたくさん教えてもらったり、
自分のことや自分の気持ちを、聞いてもらえたり。
ともだちとあそべるようになると、
ともだちと会いたくなって、
学校に行くのが楽しくなってきます。

この本は、みんなが、ともだちと楽しくあそべるようになるためにつくりました。
最初に『ともだちとあそぶことの意味』について考えます。
次に『あそびのルールと、ゲームに勝つためのコツ』について考えます。
ルールは、住んでいる場所で違ったり、ともだちどうしで変えたりすることもあります。めんどうなものに思えるルールも、あそびを楽しむためのものです。
ともだちや、おうちの方、先生といっしょに、あそびながらたのしく考えていきましょう。

※幼稚園・保育園の自由遊びの指導にも役に立つように書きました。

ソーシャルスキルとしての
あそび・ルール攻略ブック

もくじ

はじめに 3

第1部 ソーシャルスキルとしてのあそびルール 7

第1章 ルールってなんだろう？ 8

第2章 あそびには勝ち負けがあります 10

第3章 あそびやゲームに勝つためのコツ 12

第4章 気持ちをコントロールするために 14

【1】負けたときの気持ちをコントロールするコツ 14

【2】勝ったときの気持ちをコントロールするコツ 16

第5章 たのしくあそびつづけるために 18

第2部 集団あそび攻略法：からだをつかってあそぶゲーム 19

01 じゃんけん 20

02 おいかけっこ 22

03 かくれんぼ 24

04 リレーごっこ 26

05 鬼ごっこ [基本形] 28

06 こおり鬼［鬼ごっこの発展型］ *30*

07 チーム鬼［鬼ごっこの発展型］ *32*

08 いろ鬼［鬼ごっこの発展型］ *34*

09 けいどろ［どろけい・たんてい］ *36*

10 しっぽとり *38*

11 Sけん［8の字］ *40*

12 くつとばし *42*

13 缶けり *44*

14 ボール当て *46*

15 壁当て鬼 *48*

16 ころがしドッジボール *50*

17 なかあて *52*

18 ドッジボール *54*

19 さんかくキックベース *56*

20 宝探しゲーム *58*

21 発信地は誰だ？ *60*

22 イスとりゲーム *62*

23 フルーツバスケット（なんでもバスケット） *64*

24 ハンカチ落とし *66*

25 せーの！で指上げ *68*

第3部　集団あそび攻略法：カードゲーム・ボードゲーム　*71*

01 大きい数字が勝ち *72*

02 スピード *74*

03 ババ抜き *76*

- 04 7ならべ *78*
- 05 しんけいすいじゃく *80*
- 06 だいふごう *82*
- 07 坊主めくり *84*
- 08 かるた *86*
- 09 5目ならべ *88*
- 10 オセロ（リバーシ） *90*
- 11 はさみ将棋 *92*
- 12 将棋 *94*

第4部　スポーツが好きになる観戦のツボ *97*

- 01 プロ野球 *98*
- 02 テニス *101*
- 03 サッカー（Jリーグ） *103*
- 04 バレーボール（Vリーグ） *105*
- 05 ゴルフ *107*
- 06 バスケットボール *109*
- 07 卓球 *111*
- 08 ボウリング *113*

まとめにかえて *115*

第1部
ソーシャルスキルとしてのあそびルール

第1章　ルールってなんだろう？

ともだちとあそぶときのことを考えてみましょう。
そこでは、ルールのあるあそびをしています。
なぜ、ルールはあるのでしょう。
だいじな順番に書いてみますね。

①けんかにならないためです。
　ルールがないと、どちらが勝ったかわからず、けんかになったりします。

②いつ終わったのか、わかるためです。
　休み時間やあそべる時間には、終わりの時間が決まっています。
　ルールがあると、ゲームがいつ終わったのか、みんながわかります。
　終わりの時間で、勝ち負けがはっきりとわかります。
　疲れていても、時間になったら終わることができるので、みんな助かります。

③ルールがあると、ずるいことをした人を注意できます。

　ルールを守らず、ずるいことをしている人に注意することができます。

　でも、やさしく注意してあげましょう。

　みんながいつも、ルールをちゃんとわかっているわけでもありません。

　勝ちたくて勝ちたくて、しかたがない人もいるからです。

　あまりきつく注意すると、あそびたくなくなってしまうともだちもいるかもしれません。

④あそびやゲームが楽しくなるように、いろいろな人が工夫した結果
　＝それがルールです。

　みんなが楽しんでいるあそびのルールは、いろいろな人がこんなふうにしたらもっと楽しくなるね、と考えた結果できたものです。

　だから、最初はそのルールでやってみましょう。きっと楽しくなります。

　でも、自分たちがあそんでいるなかで、ルールを変えてみたくなることがあるでしょう。

　そのときは、いっしょにあそんでいるともだちに話してみましょう。

　ともだちが「いいよ！」と言ってくれたら、新しいルールに変えてみましょう。

　自分勝手にルールを変えてしまったら、ルール違反だと言われることになります。

　あそびやゲームには、たくさんのルールがあります。

　ルールを守ってともだちとあそぶことは、みんなとなかよくなる秘訣です。

第2章　あそびには勝ち負けがあります

あそびやゲームには、勝ち負けがつきものです。
それでは、ゲームに負けたとき、あなたならどうしますか？

①もっともっとやろうと相手に言いますか？
②腹をたてたり、怒ってしまいますか？
③泣いてしまって、ゲームどころではなくなりますか？
④泣きながら、ゲームを続けますか？
⑤勝つまでやりますか？
⑥勝っても負けても気にせずに、ともだちとあそびますか？

それでは、ゲームに負けたとき、あなたはどんな気持ちになりますか？
思い出して、考えてみましょう。

こんどは、ゲームに勝ったとき、あなたはどんな気持ちになりますか？

　①うれしくなって、相手に自慢しますか？
　②勝てるゲームばかり、したくなりますか？
　③一度勝ったから、もうしませんか？

ほかにはどんな気持ちになったことがありますか？
あそびやゲームには必ず勝ち負けができてしまいます。
負けた人が、すねたり、怒ったりしたら、
勝った人や他の人は、どんな気持ちになると思いますか？
もしかすると、わざと手を抜いたりして、負けてくれるかもしれません。
でも、あそびにくい相手だと思われてしまいます。
これからは、いっしょになかよくあそぼうと思わなくなるかもしれません。

　そう思われても「別にいいや」と思うかもしれません。
でも、みんなが楽しくあそんでいるときに、一人でさびしく感じたり、バカにされたような気分になるでしょう。

　じゃあ、どうしたらいいでしょうか？
　あそびやゲームにはルールがあること、勝ち負けがつきものであることは、知っていますね。
　同じように、あそびには勝てるようになるコツがあります。
　また、負けたときに、自分の気持ちをコントロールするコツがあります。
　この2つのコツを身につければ、みんなと楽しくあそぶことができます。
　次のページから、2つのコツについて書きますね。

第３章　あそびやゲームに勝つためのコツ

①ルールをしっかりと覚えておきましょう。

　もしかしたら、ルールのなかから、勝つための方法がみつかるかもしれません。

②練習しましょう。

　投げ方、走り方、逃げ方。カードゲームなら、カードの出し方など、毎日１回ずつでも、５分でもいいから練習してみましょう。そうすれば、できるようになることがたくさんあります。お父さんやお母さん、おとなの人と練習をしてみましょう。

　すぐに勝つことはできなくても、上手にできることが増えていくと、自信をもってあそぶことができるようになります。

③相手をよく見ることです。

　自分のことばかり考えていませんか？　自分がどうしていいかわからないとき

は、もしかしたら、相手も迷っているかもしれません。そんなときは、相手の様子をよく見てみましょう。もしかしたら、相手も何かコツをつかんでいるかもしれません。

④できそうなことからやってみましょう。

　ドッジボールの場面を考えてみましょう。ドッジボールをするには、ボールを投げる、ボールを受ける、相手の行動を予想する、コートの線から出ないように、コートの大きさを覚えるなど、さまざまなコツが必要です。いきなり、すべてを上手になるのは、とてもむずかしいことです。まず、できることからやってみましょう。そのためには、自分ができるのはどれかを考えてみることから始めることです。

　　　◎すばしっこいほうなら＝ボールから逃げる練習をしましょう。
　　　◎ボールがこわくないなら＝ボールを受ける練習をしましょう。
　　　◎力が強いほうなら＝ボールを投げる練習をしましょう。
　　　◎考えるのが好きなほうなら＝相手の弱点を考えてみましょう。
　　　◎どれも苦手なら＝味方を助ける動きをがんばってみましょう。

⑤ほかにも自分にできそうなことがあったら、やってみましょう。

第4章　気持ちをコントロールするために

【1】負けたときの気持ちをコントロールするコツ

①負けてくやしいとき、一度は言葉に出しても、そのあとは気持ちを次にきりかえるようにしてみましょう。でも、すぐにできるようにはなりません。何度もやってみないとできないことです。少しずつできるようになっていきましょう。

②みんながいつも勝っているわけではありません。よく見てみましょう。いつも同じ人が勝っていますか？　どんな強い人でも、負けることがありますね。

　野球なら、どんなすごいバッターでも、10回のうち3回ヒットが打てたらすごいと言われます。多くのプロ野球選手が、10回中7回は失敗しているのです。プロの野球やサッカーで「弱い」と言われているチームでも、1勝もできないということはありません。

　いつか勝てるかもしれません。そんなふうに考えてみましょう。

③どうしてもうまくいかないときは、みんなにちょっとお願いしてみましょう。

　何度やっても、勝てなくてつらいときは、ともだちにお願いして、少し楽なルールに変えてもらいましょう。お願いするときは、やさしい気持ちになって、「ごめんね、ぼく、ぜんぜん勝てないから、少しだけルール変えてもらっていい？」というように伝えましょう。

④どうしても勝てなくてつらいときは、ゲームに負けたイヤな気持ちがいっぱいになる前に、どうするか考えましょう。違うゲームに変えてもらったり、自分で終わりの時間を決めてあきらめて帰ることにしましょう。

　明日は、楽しいゲームができるかもしれません。家に帰ったら、気分を変えて練習してみたり、どうしたら勝てるかを考えたりしてみましょう。

【2】勝ったときの気持ちをコントロールするコツ

　気持ちのコントロールがだいじなのは、負けたときだけではありません。勝ったときにも気持ちをコントロールする必要があります。
　だんだんあそびが上手になってきたり、少しずつ勝てるようになってきたら、ともだちといっしょに楽しくあそび続けるための2つのコツがだいじです。それは「自分の気持ちをコントロールするコツ」と「あそび続けるためのコツ」の2つです。

①自分が得意なゲームに勝ったとき。または、なかなか勝てなかったゲームに勝ったとき。もちろん、うれしいですね。それをどう表現しますか？
　最初は、うれしくてよろこびます。でも、何度も何度もよろこんでいたら、負けた相手はどう思うでしょう？　とてもいやな気持ちになります。いやな思いになると、次はあそんでくれなかったり、いっしょに同じゲームをしたいと思わなくなってしまいます。

②ゲームやあそびで勝ったとき、こんなことしていませんか？
　「自分の気持ちがおさえられなくなって、うれしすぎて相手をバカにしてしまう」「自分がなぜ勝ったのか、何度も自慢してしまう」
　——こんなことを続けていると、なかよくあそべなくなってしまいます。

③急に、機嫌がよくなったりしていませんか？
　自分ではそんなつもりがなくても、お母さんやお父さんからみれば、そう見えてしまうときがあります。

④勝ってかぶとの緒を締めよ＝これは戦国時代のことわざです。
　勝つと、うれしくなって、ウキウキしてしまいますよね。そうすると、どんどん他の人が見えなくなって、かんたんなミスをしてしまいます。
　勝っているときほど、気持ちを落ち着かせることがだいじです。でも、できるようになるまでは時間がかかります。
　でも、もっと勝ちたいでしょう？　そのためにも、時間がかかっても身につけておきましょう。

⑤百戦百勝は善の善なる者に非ざるなり＝これは孫子にあることばです。
　孫子とは、はるか昔に、中国の孫武という人が書いた兵法書〈たたかいに勝つ方法を書いた本〉のことです。
　ちょっとむずかしいことばですが、「勝ちすぎて相手を倒してしまうやり方は、いちばんいい方法ではない。相手がまいりましたと言ったときにやめるのがいいやり方だ」という意味です。
　あそびでも、ゲームでも、ずっと勝ち続けて相手がやる気をなくすより前に、すごいな〜と思われたときにやめてみるのもだいじだと思います。

第5章　たのしくあそびつづけるために

①勝ったとき、よろこぶ回数を少なくしましょう。

　何度も何度もよろこんではしゃぐと、負けたほうはイヤになってしまいます。1回の勝負でよろこぶのは2回までにしましょう。

②「もう1回やってもいい？」と聞いてみましょう。

　負けた相手は、くやしい思いをしているかもしれません。だから、やさしく「もう1回してもいい？」と聞いてみましょう。

　「いいよ」と言ってくれたら、「ありがとう」と言ってまたあそびましょう。

③他のあそびもやってみましょう。

　自分が得意なゲームばかりしていると、相手もイヤになります。自分が得意なゲームばかりではなくて、相手の好きなあそびもやってみましょう。

④時間になったら終わりましょう。

　ずうっと同じあそびをつづけていると、疲れてくるし、おこりっぽくなってしまって、けんかになってしまうことがあります。あそぶ時間を決めて、時間が来たら終わりましょう。

第2部
集団あそび攻略法
からだをつかってあそぶゲーム

ここでは、からだをつかってあそぶゲームについて、
- ①ゲームのルール
- ②ゲームのおもしろいところ
- ③ゲームを楽しむコツ
- ④自分なりの工夫や作戦を考える

という4つに分けて書いてあります。
④は、あそびながら自分で書きこんでいくところです。お母さんやお父さん、先生と話しあって、考えていきましょう。

1 じゃんけん

負けると自分の思い通りにならなくてイヤですよね。でも、手の動きを練習したり、出し方を工夫するとじゃんけんが苦手じゃなくなるかもしれませんよ！

（1）じゃんけんは、グー、チョキ、パーの3種類を、いっしょに出すゲームです。

グーは、チョキに勝ちます。
パーに負けます。

チョキは、パーに勝ちます。
グーに負けます。

パーは、グーに勝ちます。
チョキに負けます。

（2）じゃんけんのおもしろいところ

おとなでも子どもでも、誰とでもあそべることです。
運に左右されることが多いです。でも、強い人はずっと勝ったりもします。

（3）ゲームに勝つコツ

人によって、出しやすい指のかたちがあります。よくみてみましょう。
3つのかたちのなかで、チョキの指の動かし方が、むずかしいです。
だから、パーを出すと負けにくくなります。
出しにくいチョキも、グーやパーと同じように、すぐに出せるように練習するといいかもしれません。
タイミングを合わせましょう。「じゃんけん、ほい」といった瞬間に、上手に出

せるように練習しましょう。
相手が出した手を見てから出すのは、「後出し」といって嫌われます。
「ほい」の前に、自分が出すかたちがわかると、相手はそれに勝つ手を出します。
ぎりぎりまで、何を出すかわからないように工夫しましょう。

(4) 自分なりの作戦を考えてみよう

2 おいかけっこ

おいかけられるのがこわかったり、逃げる相手をなかなかつかまえられなくて、イヤな思いをすることがありますね。でも、おいかけっこに勝ち負けはありません。楽しく走り回ることが、このあそびの目的です。結果を気にせず、自分らしく走り回りましょう。

（1）おいかけっこには、ルールはありません。

　　ともだちといっしょにいると、いつのまにかはじまってしまうあそびです。
　　ルールはありませんが、どちらかが追いかけて、どちらかが逃げます。
　　つかまっても、そのまま逃げてもいいルールもあるし、
　　追いかけるほうと逃げるほうが、交代するルールがあります。
　　そのときあそんでいるみんなの感じで、いろいろなルールが変わるかもしれません。

（2）おいかけっこのおもしろいところ

　　からだを思いっきり動かして走り回るのが楽しいです。
　　勝ち負けもないので、ケンカになることはありません。
　　つかまりそうなとき、ひらりとからだをかわしてタッチから逃げるのがおもしろいです。

（3）おいかけっこのコツ

　　追いかけられていると、走りながら自分の気持ちがあがってしまって、ともだちが見えなくなってしまいます。まわりの様子をよくみてみましょう。まわりが見えなくなると、ともだちを強くおしてしまったり、あぶない場所に行ってしまうことがあります。
　　いつまでたっても終わらないゲームです。でも、ずっと続けているとケンカに

なるかもしれません。

つかれたら、休みましょう。

ともだちのだれかや、先生やおとながやめようと言ったら、やめましょう。

（4）自分なりの作戦を考えてみよう

3 かくれんぼ

かくれていると、みつけてくれるかどうか不安になりますよね。待つときは、数をかぞえたりしてガマンしてみましょう。探すときも、うまくみつけられるか不安ですが、探し方にもコツがありますよ。

（1）かくれんぼのルール

　決められた場所で、さがす役（オニ）とかくれる役を決めて、オニがかくれている人をみつけるあそびです。
　※みつけた人をつかまえておく場所を決めておいて、まだみつかっていない人が助けに行くというルールもあります。

①誰がオニになるか（残りの人はかくれる役になります）、じゃんけんなどで決めます。
②オニが決まったら、オニは後ろを向いて、目をつぶって数をかぞえます（どれくらいかぞえるかはみんなで決めましょう）
③オニは、かぞえ終わったら「もういいかい？」と大きな声できぎます。聞かれたほうは、あまり大きな声を出すと、自分のいるところがみつかってしまうので、小さめの声で「もういいよ」と言います。かくれる場所が決まってないときは「まあだだよ」と言います。
④「もういいよ」と言われたオニは、ふりかえってみんなを探します。
⑤オニがかくれている子を見つけたら、名前を呼びます。
※名前を呼んで壁にタッチするとつかまるルールと、みつかったらそれで終わりというルールなどがあります。
⑥全員みつかったら終了です。

（2）かくれんぼのおもしろいところ

かくれるほうは、いつオニにみつかるかもしれないとドキドキします。オニは、どこにかくれているか考えながら、探していくのが楽しいゲームです。思いもよらないところでみつかったりします。

（3）かくれんぼを楽しむコツ

かくれる役は、みつかるまで待てなくて、不安になって出てきてつかまってしまいます。おしまいの合図まで、がんばってかくれていましょう。かくれる場所がみつからなければ、ともだちがかくれているところを見本にしましょう。

オニは、役になれるまで時間がかかります。不安なときは、オニを２人にして、いっしょに探してもらうなかでオニ役になれましょう。

（4）さらに楽しくあそぶコツ

みつからなくもおこらないこと→かくれている人は楽しんでいるはずです。
みつかってもおこらないこと→探している人はよろこんでいます。
みんなが楽しいと自分も楽しい気持ちになります。

（4）自分なりの作戦を考えてみよう

4 リレーごっこ

> 走るのが苦手だと、みんなから何か言われそうで責任を感じますよね。うしろから来たともだちに抜かれるのも、イヤな気分です。でも、抜いたり抜かされたりするのが、リレーの楽しみです。苦手なのはダメじゃない、勝負をおもしろくしているんです。

（1）ゲームのルール

①人数がちょうど半分ずつになるように、チームを分けます。ぴったり半分にならない場合は、審判役をつくったり、足の速いほうのチームをひとり多くしたりします。

②チームのなかで走る順番を決めます。

③よーいドン！の合図で、1番目の人が走ります。できれば、一周してまわってくるようなコースがいいです。

④一周したら次に走る人にタッチします。（バトンやたすきがあったら、それを渡します）次の人も一周して、さらに次の人にタッチします。

⑤最後に走る人が、先にゴールしたチームが勝ちです。

（2）リレーゲームのおもしろいところ

自分が遅くても速くても、最後まで勝ち負けがわかりません。

からだを動かしてあそぶので、いい運動になります。

ルールがかんたんで、すぐにみんなとあそべます。

（3）リレーを楽しむコツ

自分が負けたと思っても、最後まで走って次の人にタッチすれば、そのあと何がおきるかわかりません（もしかしたら、相手チームがミスをするかもしれません）。あきらめないで最後まで走りましょう。

同じチームでも走る順番を変えることで、勝敗が変わることがあります。
　◎走るのが速い人を先にするのか？（先行逃げ切り）
　◎走るのを速い人を後にするのか？（後半追い上げ）
誰がどの順番で走るのか、いろいろ試してみましょう。

（4）チームで工夫したり作戦を考えてみよう

5 鬼ごっこ [基本型]

> 運動が苦手だと、すぐにつかまったり、だれもつかまえることができないような気がしてイヤですよね。でも、ルールとコツがわかれば、鬼ごっこは楽しいあそびに変わります。

（1）鬼ごっこのルール

①じゃんけんなどで、逃げる人をつかまえるオニ役を決めます。残りは逃げる人になります。逃げる人たちがオニから離れられるように、数をかぞえたりしてから、つかまえはじめます。
②つかまえ方には、からだに触れる（タッチ）とつかまるルールや、3回タッチしないとつかまらないルールなどがあります。
③オニにつかまった人が、交代してオニになります。
④例えば、休み時間が終われば終了など、終わりの時間を決めておきましょう。

（2）鬼ごっこの楽しいところ

いちばんかんたんなルールであそぶゲームです。
オニはつかまえることが楽しいし、逃げるほうは、つかまるかもしれないというスリルが楽しいゲームです。なにより、からだを動かすのがおもしろいです。

（3）鬼ごっこのコツ

オニになったら、あきらめずに追いかけましょう。逃げるほうは、逃げているだけで楽しいし、つかまってもだいじょうぶ。オニになって、つかまえたらいいのです。オニにばかりなってしまってイヤなときは、泣いてしまう前に、代わってほしいと頼みましょう。追いかけるのが好きな子もいます。
逃げるのにはコツがあります。まっすぐ走ると、つかまりやすいので、ジクザクに走ってみましょう。また、同じスピードで走るとつかまりやすいので、オニ

につかまりにくいように、スピードに変化をつけて走りましょう。

　つかまえるときにもコツがあります。1人に決めて追いかけるのも作戦の一つです。でも、いつも同じ人を狙うと嫌われてしまうので、追いかける相手をときどき変えてみましょう。また、目の前にいる相手ばかりを追いかけてばかりいると、次々と逃げられてしまいます。追いかけるスピードに変化をつけて、離れている人をつかまえにいくと、相手もびっくりするかもしれません。

（4）自分なりの作戦を、オニのときと逃げるときに分けて考えてみよう

6 こおり鬼［鬼ごっこの発展型］

> 氷になっているときは、なんとなくつまらない感じがしますよね。ついつい動きたくなります。でも、そのときはみんなの動きをみて逃げ方を発見するチャンスです。

（1）こおり鬼（凍り鬼）のルール

①オニを決めます。オニは複数いてもOK。残りは逃げる人です。

②オニは、逃げている人の体に触れる（タッチする）ことでつかまえることができます。つかまった相手は凍ります（その場で止まります）。

③全員を凍らせることができたら、オニは交代します。つかまっていない人は、凍っている人にタッチすることで、氷をとかす（相手を助ける）ことができます。

④「休み時間が終わるまで」のように、あそびの終了時間を決めておきます。

（2）こおり鬼の楽しいところ

体を動かしてあそべるところです。つかまえられても、助けてもらえたらまた逃げられるので、何度もチャレンジできます。つかまっていなかったら、助けることもできます。

オニは、みんなを凍らせるのが楽しいです。複数のオニがいる場合は、協力して作戦をたてましょう。凍ったときのポーズも工夫して楽しみましょう。

（3）こおり鬼のコツ

こおり鬼では、「オニから逃げる」「凍った人を助ける」「凍ったまま待つ」ことができます。逃げることと助けることをいっしょにやろうとすると、すぐにつかまってしまいます。まずは、逃げることを優先してみましょう。それになれてきたら、助けに行ってみましょう。

つかまって凍っているとき、助けを待ちきれずに動いてしまうのは、ルールを

守らないことになります。ともだちから注意をされてイヤな気分になることもあります。こおり鬼でいちばんだいじなルールです。しっかり守りましょう。

オニになるにもコツがあります（鬼ごっこ基本型のページも見てくださいね）
かんたんに助けられるようだと、いくらつかまえても、全員を凍らせることができません。そのときの作戦として、よく助けに来る子をねらってつかまえるのも効果的です。1人を凍らせて、凍っているともだちを助けにくるのを待ち伏せするのもいいかもしれません。また、みんなに声をかけて、オニの数を増やしてもらうのもいいでしょう。

（4）自分なりの作戦を考えてみよう

7 チーム鬼［鬼ごっこの発展型］

チーム鬼はルールが複雑で、だれが味方でだれが敵なのかわかりにくいあそびです。目印をつけるなどして、わかりやすく工夫しましょう。

（1）チーム鬼のルール

①2つ以上のチームを作ります。「チーム対抗鬼ごっこ」です。（ＡＢＣ3チームであそぶ場合）Ａチームの人は、ＢＣチームの人全員をつかまえることができます。逆にみれば、ＢＣチームの人全員が、Ａチームの人を追いかけます。

②つかまらないようにしながら、別のチームの人を追いかけます。追いかけるのに夢中になると、どこからつかまえられるかわかりません。まわりをよく見て動きます。

③つかまった人はゲームから離れて応援します。

④1つのチームだけが残ったとき、そのチームの勝ちとなります。また、決めておいた終わりの時間になったときに、残っている人数で順位を決めるルールもあります。

（2）チーム鬼の楽しいところ

体を動かすのがおもしろいあそびです。たくさんの人数であそぶと、より楽しめます。「逃げる」のと「追いかける」のをいっしょにできるので、スリル満点です。チームで協力できるところができます。自分がつかまっても、最後にチームが勝てばいいので、自分がつかまったかどうかにこだわる必要がありません。

（3）チーム鬼のコツ

「逃げる」ことと「追いかける」ことをいっしょにしなければならないと思うと、思ってもみないところからつかまってしまうことがあります。まずは、逃げるこ

とを優先しましょう。また、あまり動きまわらずに、相手の動きをしっかりみて動くようにしましょう。

　チャンスを見て、つかまえることにもチャレンジしてみましょう。誰かを追いかけている人をつかまえにいくのは、成功しやすい方法です。追いかけ方、逃げ方にもコツがあります。鬼ごっこ基本型のページを見てください。

　自分からつかまえにいかなくても、いっぱい逃げ回って時間をかせいでいるあいだに同じチームの人がたくさんつかまえてくれるなどの作戦も、チームが勝つためには有効です。すぐにつかまらないためにはどうすればいいか、考えてみましょう。

（4）自分なりの作戦を考えてみよう

8 いろ鬼 ［鬼ごっこの発展型］

ルールをおぼえるまでに時間がかかりそうです。それまでは、ルールをよく知っている同じチームの人の近くにいるといいでしょう。

（1）いろ鬼のルール

①2つ以上のチームを作ります。（赤・青・黄の3チームであそぶ場合）

・赤チームは、青チームをつかまえて、黄チームに追いかけらます。
・青チームは、黄チームをつかまえて、赤チームに追いかけらます。
・黄チームは、赤チームをつかまえて、青チームに追いかけらます。

つまり、じゃんけんのような関係になります。わかりやすく書くと、

・赤チームは、青チームに強く、黄チームに弱いです。
・青チームは、黄チームに強く、赤チームに弱いです。
・黄チームは、赤チームに強く、青チームに弱いです。

チームがよくわかるように、帽子やたすきなどで、色分けします。

②強いチームからつかまらないようにしながら、弱いチームの人をつかまえます。つかまった人は、ゲームから離れて応援します。

③最後まで残った色のチームが勝ちです。または、終わりの時間になったとき、残っている人数が多い色のチームの勝ちです。

（2）いろ鬼の楽しいところ

ほかの鬼ごっこと同じように、からだを動かすのがおもしろいです。逃げることと追いかけることをいっしょにできるので、スリル満点。どのチームから逃げればいいかがはっきりしていて、ルールがわかりやすいゲームです。

たくさんの人数であそぶとより楽しい。チーム内での協力がポイントです。

（3）いろ鬼のコツ

鬼ごっこ基本型や発展型のコツはいっしょです。他の鬼ごっこになれてからやってみましょう。誰が追いかける役なのか、逃げる役なのか、チームで作戦をたててみましょう。すごく追いかけるのが上手な人からは離れるようにしましょう。

（4）自分なりの作戦を考えてみよう

9 けいどろ

> どろけい・たんていなどとも呼ばれています。たくさんの人から追いかけられるのがこわい、という気持ちはよくわかります。相手が少ないところをみつけて逃げるようにしてみましょう。

（1）けいどろのルール

① つかまえる側（けいさつ・たんてい）のチームと、逃げる側（どろぼう）のチームの、2チームにわかれます。
② つかまえる側は、どろぼう役をタッチしてつかまえたら、自分の陣地のなかにつかえておきます。つかまえられた人は、決められた場所にいなければなりません。つかまった順番に手をつないでいくというルールもあります。
③ 全員をつかまえることができたら、けいさつ（たんてい）チームの勝ちです。
④ どろぼうは、つかまえられた人にタッチして、つかまっている仲間を助けることができます。手をつないでいる場合は、手刀で切るなどして手（縄）をほどくと、切ったところよりうしろの人は逃げることができます。つまり、つかまった順番に❶くん～❷くん～❸くん～❹くんの4人がつかまっていたとして、❷くんと❸くんのあいだを切ることができたら、❸くんと❹くんは逃げることができる、というわけです。助けられた人は、ゲームに戻ることができます。
⑤ どろぼうチームは、時間までに1人でもつかまらずに逃げきることができれば勝ちです。

（2）ゲームのおもしろいところ

　チームで走り回ることができるので、とてもスリルがあって、わくわくします。つかまっても、誰かに助けてもらえることもあるので、あきらめなくてすみます。追いかけるのが苦手な人でも、見張り役をするなど、チームの役にたつことができます。

（3）ゲームを楽しむコツ

◎けいさつ側のコツ：1人でつかまえにいくのは、なれていないとなかなかできません。チームで協力してはさみうちにしましょう。あまり長く1人を追いかけていると、守りが弱くなります。適当なところであきらめて、自分のチームと合流しましょう。追いかけるのが苦手な人は、つかまえた人の見張り役をしましょう。それだけでも十分チームの役に立ちます。

◎どろぼう側のコツ：逃げることと助けることを、最初からいっしょにやろうとするのはたいへんです。まずは、逃げることからはじめましょう。もし、相手の陣地が空っぽだったら、つかまっている人を助けにいきましょう。

（4）自分なりの作戦を考えてみよう

10 しっぽとり

自分のものが取られるのってイヤですよね。でも、一度でもしっぽを取ることができたときの「やったー」という感じは、苦手さを楽しさに変えてくれます。チャレンジしてみましょう！

（1）しっぽとりのルール

　しっぽとりは、みんなでおしりにつけたひも（しっぽ）を取り合うゲームです。チームであそぶことが多いですが、個人戦もあります。ひもを取られたら終わりというルールもあれば、取られても新しいひもがもらえて、またゲームに参加できるというルールもあります。

　また、しっぽをたくさん取ったチームや人が勝ちというルールもあれば、最後までしっぽを取られなかった人が勝ちというルールなど、いろいろあります。

　ひもは同じ長さにして、先のほうをズボンの中に入れます。取りにくいようにとズボンの奥まで入れるのは相手にイヤがられるし、ズボンがずれ落ちたりしてはずかしいので、注意しましょう。チームであそぶときは、ひもの色をそろえます。

（2）しっぽとりのおもしろいところ

しっぽを追いかけながら、取られるかもしれないというスリルを味わうゲームです。

（3）しっぽとりを楽しむコツ

どうしても、しっぽを取りたくて、追いかけたくなります。でも、前ばかり向いてしっぽを取りにいくと、うしろから来た人に、自分のしっぽを取られてしまいます。でも、うしろばかり注意しているのは楽しくありません。たくさんのしっぽを取ることを目標にせず、1人のしっぽを取ることをめざしましょう。

どうしても、すぐに取られてしまうときは、何度でもしっぽをもらえるルールに変えましょう。

それでも、すぐに取られてイヤなときは、秘密の攻略法があります（でも、この作戦ばっかり使っていると、みんなにイヤがられるので注意しましょう）。それは、コートの角の隅にいて、取れそうなしっぽだけ取りにいく作戦です。うしろから取られることが減るので、たたかいやすくなるのです。

ともだちとチームを組んで、2人でお互いを守りながら、他の人のしっぽをとるのもおもしろいです。

（4）自分なりの作戦を考えてみよう

11 Sケン（8の字）

> 強く押されたり、ころばされたりして、痛い思いをするのはイヤですよね。でもルールをだいじにしてあそぶことで、ケガからからだを守りながら楽しむことができるゲームです。

（1）Sけんのルール ※地域によって名前が違います。

① ドッジボールのコートの半分くらいの大きさに、Sという字（8という字）を書きます。2つのチームに分かれます。8なら〇の部分が、それぞれの陣地になります。

② 陣地にいるあいだは、歩いて移動できます。陣地から外に出たら、ケンケンで移動しないといけません。陣地の外で両足をついたり、手をつくと負けます。どちらかのチーム全員が負けると、相手チームの勝ちです。

③ 相手が陣地にいるときは、決められた線以外から外に追い出し、相手が外に出たら、その相手は倒されたとみなされて、ゲームが続けられません（アウトになります）。

④ 陣地の外にいるときは、ケンケンで移動しているので、押しあってバランスを崩させて、両足をついたり、手をついたりするようにします。

⑤ 自分の陣地に宝（ボールや帽子など）を置いて、それを守りながら相手の陣地の宝を取ったほうが勝ちになるルールもあります。時間がないときは、終わりの時間を決めておいて、そのときに残り人数が多いチームを勝ちにしたり、引き分けにしたりします。

（2）Sケンのおもしろいところ

チームでたたかうゲームなので、作戦をいろいろ考えて工夫できる楽しみがあります。陣地の外ではケンケンで移動するので、足が速い遅いはあまり関係ありません。

宝を使うルールだと、人数が少なくなっても、宝を取れば逆転のチャンスも十分にあるので、最後まで楽しめます。

(3) Sケンを楽しむコツ

押したり押されたりするので、ケガに注意しましょう。ケンケンで移動するには練習が必要です。それに、長い時間ケンケンでいるのは疲れるので、あまり遠くに行かないようにしましょう。途中に休けいできる島（両足をつくことができる場所）をつくることもあります。

陣地を守るのもだいじな役目です。ケンケンが苦手なら、陣地のなかでがんばりましょう。

(4) 自分なりの作戦を考えてみよう

12 くつとばし

> ブランコに乗るのが苦手だと、楽しくあそべません。ブランコの練習の前に、くつを飛ばすあそびからはじめてみましょう。

（1）くつとばしのルール

　　ブランコに乗ります。ブランコの勢いがついたら、くつのかかとを少しずらします。ブランコがうしろから前にくるタイミングで、くつを前方遠くに飛ばします。順番に飛ばして、いちばん遠くまでくつが飛んだ人が勝ちです。
　　ブランコがないときは、立ったまま、足の力だけでくつを飛ばします。

（2）ゲームのおもしろいところ

　　くつを飛ばすために、ブランコをこぐだけでなく、たくさんやることがあるので、ドキドキします。上手に遠くまでくつを飛ばすことができたら、うれしくなります。

（3）くつとばしを楽しむコツ

　　まず、ブランコに上手に乗れること、立ちこぎができないとむずかしいあそびです。ムリをしてブランコから落ちたりするとけがをしますので、注意しましょう。ブランコに乗る練習から始めましょう。
　　くつを飛ばすのも、けっこうむずかしく、かんたんにはできません。まずは、立ったまま飛ばす練習をしてみましょう。なれていないと、くつが上に飛んだり、うしろに飛んだりします。ななめ前に飛ばすつもりで、練習してみましょう。何度やってもうまくいかないときは、ともだちがどうやっているのかをよく見てまねをしたり、ともだちにコツを聞いたりしてみましょう。
　　それでも勝てないときは、ともだちに反対の足で飛ばしてもらうなど、こちら

にちょっと有利なルールに変えてもらえるように頼んでみましょう。そのためにも、右足と左足、どっちのほうがうまく飛ばせるか、利き足をみつけるのもいいですね。

　くつを飛ばすときは、まわりに人がいないか、よくみてからにしましょう。ともだちが飛ばしているときも、ブランコにぶつからないように、ブランコのうしろや前に行かないようにしましょう。

（4）自分なりの作戦を考えてみよう

13 缶けり

> まずはかくれんぼを楽しくできるようになることです。その後でチャレンジすると、缶けりに苦手な気持ちがなくなりますね。それから、ともだちの顔と名前が一致していないとあそべません。自信がないときは正直に言って教えてもらいましょう。

（1）缶けりのルール

① 両手の長さより小さい輪を書き、輪の中に缶をおきます。

② オニ（探す役）を決め、残りの人は逃げる役になります。

③ 逃げる役の誰か一人が、缶を遠くに蹴ります。オニが缶を取りに走り、輪の中に戻すまでに、逃げる役はかくれます。

④ オニはかくれている人を探し、見つけたら「〇〇ちゃん、見つけた！」と言って缶を踏みます。それでつかまったことになります。つかまった人は、缶のとなりの「つかまった人がいる輪」の中に入らなければなりません。

⑤ つかまっていない人は、オニに見つからないようにしながら、スキをみつけて缶を蹴ります。缶が蹴られたら、つかまっているともだちも逃げることができます。オニはまた缶を戻します。

⑥ 全員をオニがつかまえるか、時間になってもつかまえきれなければ終わりです。

（2）缶けりのおもしろいところ

　　オニのスキをついて、見つからないように缶を蹴るスリルが楽しいです。オニは缶を蹴られないように注意しながら、人を探すというかけひきが楽しいゲームです。

（3）缶けりを楽しむコツ

　◎オニの場合：最初はむずかしいかもしれません。はじめは、ともだちに頼んで2人でオニになるのもいいかもしれません。また、ずっと缶の近くにばかりいると、逃げる人が動かなくなるのでつまらなくなり、逃げる人も見つけにくくなります。右に左に移動しながら、いつでも走って缶を踏める範囲で探しましょう。それでも見つからない場合は、思い切って缶から離れてみましょう。缶を蹴られるかもしれませんが、それが逃げるほうには楽しいあそびです。どうしてもつかまえることができないときは、みんなに言って替わってもらいましょう。

　◎逃げる役の場合：声を出したりすると、発見されやすくなります。缶を蹴ってともだちを助けるのも大事な役割です。オニの位置をよく見ておくようにしましょう。

（4）自分なりの作戦を考えてみよう

14 ボール当て

> ボールが当たると痛くてイヤだけど、やわらかいボールならだいじょうぶですよね。投げるのが苦手なら、すぐに投げようとあせらずに、おちついて相手を見ながら投げてみましょう。

（1）ボール当てのルール

①オニを1人決めます。

②オニになった人は、ボール（当たっても痛くないもの）を持ってみんなを追いかけます。みんなは、ボールにあてられないように逃げます。

③オニはノーバウンド（地面にボールがつかないあいだ）でボールを当てることができたら、ボールを当てられた人とオニ役を交替します。

④新しいオニもボールを持って、みんなを追いかけます。これを時間になるまで続けます。

（2）ボール当てのおもしろいところ

走り回ってからだを動かす楽しいゲームです。ボールを使うので、遠いところにいても当てられることがあり、ふつうのオニごっこよりもスリルがあります。走るのが苦手でも、ボールをよく見ておくと逃げることができます。投げるのがうまいと当てることができます。

（3）ボール当てを楽しむコツ

オニは、走りながらボールを投げます。投げる練習をしておくと、より楽しめます。キャッチボールの練習をしてもいいでしょう。ボールがそれると、オニはボールを取りに走らなければならなくなります。あわててボールを投げようとせずに、慎重に投げましょう。

逃げるときは、まっすぐに走るとボールが当たりやすくなります。ジグザグに

走ると当たりにくいです。

　オニになったとき、どうしても当てることができなかったら、ボールを大きくするか、途中で交替してもらいましょう。

（4）自分なりの作戦を考えてみよう

15 壁当て鬼

展開が早いゲームなので、そこが苦手だという人も多いです。ボールをゆっくり投げるなど、時間をかけてあそびになれていきましょう。やわらかくてよくはずむボールを使うといいでしょう。

（1）壁当て鬼のルール

①ボールを壁に向かって投げながら、跳ね返ってくるボールをキャッチする人を指名します。指名された人がキャッチできるかできないかで、展開が変わります。6人くらいで遊ぶのが、ちょうどいいでしょう。まず、参加するともだちに番号をつけます。

②まず、1番の人が、少し高い壁に向かってボールを投げます。そのときキャッチする人の番号を指名します。例えば「2番」と言ったら、2番の人が跳ね返ってきたボールを一度も地面につかないあいだ（ノーバウンド）にキャッチしないといけません。他の人は、2番の人がボールを取りにいくあいだに、なるべく遠くへ逃げます。

③2番の人は、ボールをキャッチできたら、次にボールをキャッチする番号を指名しながら壁に向かってボールを投げます。

④2番の人がボールをキャッチできなければ、2番の人がオニになります。オニはボールを拾ったら「ストップ」と言います。「ストップ」の声がかかったら、逃げている人は止まらなければなりません。オニはそこから大股で3歩あるくことができます。3歩あるいて相手に近づき、ボールを投げます。誰かに当てることができたら、当てられた人がオニになります。新しいオニは、番号を言いながら、壁にボールを投げます。

⑤オニがボールを誰にも当てることができなかったら、オニのままです。そのときは、番号を指名しながら、壁にボールを投げます。この繰り返しです。

(2) 壁当て鬼のおもしろいところ

相手がどの番号を言うのか、ボールがどこの位置にあるのかを考えながら、逃げるのか、その場にいるのか、スリルを味わうゲームです。

(3) 壁当て鬼を楽しむコツ

ボールを投げたり受けたりする練習も大事です。ボールが壁に当たっているあいだに遠くに逃げるとオニになりにくくなりますが、次に自分が指名されたときボールが取りにくくなります。自分がどの場所にいるか、考えながらあそびましょう。同じ番号ばかり何度も言うのはイヤがられます。自分の番号をしっかり覚えておきましょう。

(4) 自分なりの作戦を考えてみよう

16 ころがしドッジボール

ドッジボールが苦手な人は、ころがしドッジボールを楽しむところから始めてみましょう。

（1）ころがしドッジボールのルール

①大きなマル（円）を書きます。
②マルの外にいる人を、1人か2人決めます。他の人は中に入ります。
③大きめのやわらかいボール（バランスボールなど）を使います。
④マルの外にいる人は、中に向かってボールをころがします。中にいる人は、ころがってくるボールを受け止めるか、逃げるかします。ボールを止めることができたら、外の人にボールを渡します。当てられれば外に出て、中にボールをころがす役になります。
⑤中にいる人が残り1人になれば、残ったその人の勝ちです。

（2）ころがしドッジボールのおもしろいところ

　大きなボールを使うので、小さいボールよりも投げやすくて逃げやすいです。最初は中にいる人が多いので、外から当てやすいです。外に出る人が多くなるほど、中の人のスリル感が大きくなります。

　中にいる人は、当てられても外に出てころがすことができるので、ずっと役割をもってあそべます。みんなが最後まで楽しめるゲームです。

（3）ころがしドッジボールを楽しむコツ

　大きなボールがうしろから当たると、ころびやすくケガをすることがあります。運動が苦手な人をねらうときなど、気をつけましょう。

　ボールを止めても、渡す人を見ながらボールを渡さないと、自分が当てられやすくなります。ボールを取ってからも、よく考えて動きましょう。

（4）自分なりの作戦を考えてみよう

17 なかあて

> ボールが当たるのがこわいときは、見学しましょう。動き回るともだちにぶつからないように気をつけて！　見ていると、当たるのはイヤだけど、ボールにさわりたい、投げてみたいという気持ちになってきます。当たってみれば、そんなに痛くないことに気がつくでしょう。思いきってやってみよう！

（1）なかあてのルール

①チームを2つに分けます。

②大きなマル（円）を書きます。マルの中のチームとマルの外にいるチームに分かれます。

③ドッジボールか、それよりもやわらかいソフトバレーボールを使います。

④マルの外にいる人は、マルの中にいる人にボールを当てます。マルの中の人は、当たらないように逃げるか、ボールをキャッチします。中の人がボールをキャッチしたら、外の人にボールを返します。当てられたらアウトになり、ゲームが終わるまでマルの外で待ちます。

⑤時間がくるまで逃げきることができたら、マルの中の人の勝ち。全員が当てられたら、外の人の勝ちです。

⑥勝負がついたら、中チームと外チームが入れ替わります。

（2）なかあてのおもしろいところ

マルの中なら、どこに逃げても当てられることがあるので、スリル満点です。ボールの数を増やせば、もっとスリルがいっぱいで、おもしろくなります。

中の人は逃げることに集中できて、外の人は当てることに集中できるので、ドッジボールになれるまでの練習になります。

（3）なかあてを楽しむコツ

　中にいる人は、ほとんど当てられます。当たってもイヤな気持ちにならないようにしながら、当たらないようにして、どれだけ時間がかせげるかを考えましょう。ボールをキャッチできたら、外の誰にボールを渡すかをすばやく考えることがだいじです。近くの人に渡してしまうと、自分が当てられやすくなります。
　外にいる人は、ボールを当てるだけが役割ではありません。当てるのが苦手なら、ボールを拾う役をしてもいいでしょう。

（4）自分なりの作戦を考えてみよう

18 ドッジボール

やっぱりぶつけられるのがこわいものです。まずはころがしドッジボールやなかあてになれてから。ドッジボールは逃げるだけでも楽しいですよ。

（1）ドッチボールのルール

①横に長い四角い枠を書き、ちょうど真ん中に線を引きます。

②2つのチームに分かれます。右側の□の中にいるチームは、左側の外エリアにもいます。左側の□の中にいるチームは、右側の外エリアにもいます。外エリアにいるのは、最初は1人と決めます。

③赤チームと白チームを例にすると、以下のような位置取りになります。

　　　赤（外エリア）　｜　白　｜　赤　｜　白（外エリア）

④外エリアの人は、当てられることがありません。中の人を当てることができたら、中に入ることができます。当てられた中の人は外エリアに出ます（中の人を当てることができたら、また中に入ることができます）。

⑤中の人が全員ボールを当てられたチームが負けです。どちらかが全員当てられなくても、決められた時間になったとき、中に残っている人数が多いチームが勝ちです。

（2）ドッジボールのおもしろいところ

みんなが好きなあそびにあげるのがドッジボールです。一度、当てられても、敵にボールを当てることができると中に戻ることができるので、何度もチャレンジできます。

ボールが次々動くので、スリル満点。「逃げる」「投げる」「受ける」の3つのうち、得意なことが1つあれば、誰でも活躍することができます。

（3）ドッジボールを楽しむコツ

自分が中にいるときは外の人と、外にいるときは中の人と、うまく協力しながら相手にボールを当てましょう。ゆっくり投げたり速く投げたり、ちょっと横から投げてみたりと、変化をつけて投げると当たりやすくなります。

チームが負けているとき、無理にボールを取りに行くと、失敗したときに味方がますます不利になるので、無理をしないでおきましょう。

「逃げる」「投げる」「受ける」のうち、苦手なところは練習しましょう。

（4）自分なりの作戦を考えてみよう

19 さんかくキックベース

ボールを蹴るのが苦手だと、楽しくありません。蹴るというより、足に当てるような感覚で練習してみると、うまくいくかもしれませんよ。

（１）さんかくキックベースのルール

①▽の形の大きなコートを書きます。２つのチームに分かれ、先攻後攻を決めます。

②▽の真ん中あたりで、ピッチャーはサッカーボールを、バッターが立っている下の角（ホームベース）に向けてころがします。バッターはころがってきたボールを蹴ります。

③蹴ったボールが▽のコートの中にころがれば、一塁（右の角）に向かって走ります。守るチームが飛んできたボールをノーバウンド（地面に一回もつかないこと）でキャッチするとアウトになります。ころがってきたボールなら、蹴った人が一塁に着くまでに、取ったボールを蹴った人に当てるか、一塁を守っている人（一塁手）に投げて、一塁手が取ることができたら、アウトです。

④ランナーは、一塁でセーフになれば、三塁（左の角）に向かって走ります。最後にホームベースに戻ってくれば一点入ります。

⑤ピッチャーが投げたボールを空振りしたり、蹴ったボールが▽のコートの外に飛んだら、ワンストライクです。ストライクが三回になると三振、ワンアウトです。３人がアウトになれば、スリーアウトでチェンジです。

⑥予定の攻撃回数になったり、時間がきたときに、点数の多いチームが勝ちです。

（２）さんかくキックベースのおもしろいところ

チームで協力して、勝つことがおもしろいです。失敗してもチャンスは何度かやってきます。すごくいい当たりでボールが飛んでいったときの気持ちよさが

たまりません。

(3) さんかくキックベースを楽しむコツ

ころがってくるボールを蹴るのはむずかしです。苦手だと感じたら練習しましょう。蹴るのが苦手なあいだは、バントをする（ボールを止めるだけ）のも作戦です。ボールを取るのが苦手なときは、外野にいて、ボールが抜けるのを止めるだけでも、みんなが助かります。

ルールがわかりにくくても、ともだちが教えてくれます。よくわかっているともだちに教えてもらいましょう。

(4) 自分なりの作戦を考えてみよう

20 宝探しゲーム

> 探すのが苦手な人は、同じところばかりを何度も探しているのかもしれません。あわてないで、まわりを広く見渡してみましょう。

（1）宝探しゲームのルール

①宝をかくすところ（教室とか運動場）を決めます。
②宝を決めます。ボールでも帽子でも、なんでもいいのですが、なくなっても困らないものにしましょう。誰かの大切なもちものをつかうのは、いじめになってしまいます。
③はじめは宝を1つにしましょう。宝をかくす役の人は、みんなが目をつぶるか、うしろを見ている間に、どこかに宝をかくします。
④宝を見つけた人が、今度は宝をかくす人になります。
⑤時間になっても見つけられなかったら、かくした人の勝ちです。

（2）宝探しゲームのおもしろいところ

どこに宝があるのか、いろんなところを探してみるのがおもしろいゲームです。思いもかけないところで見つかるかもしれません。

かくすほうは、見つからないようにかくすことが楽しいですし、探すほうは、自分で見つけてやろうというワクワク感があります。

（3）ゲームを楽しむコツ

うまく探せないとき、同じところばかり探していませんか？　あまりにも見つけにくいときは、どこを探したかメモをしてみましょう。どうしても見つからずにイライラするときは、かくした人にヒントをもらいましょう。

かくした人は、ともだちが全然見つけられない様子を見ると、ついつい答えを

言ってしまいそうになります。そこはガマンです。ともだちが質問してきたときだけ、ヒントを出しましょう。

　かくし方にもコツがあります。他の人がかくしたところとは別な場所を探しましょう。目の位置より上のほうにかくしたり、何かにかくれるようなところに置くと、探しにくくなります。

（4）自分なりの作戦を考えてみよう

21 発信地は誰だ？

> 人のまねをするのってむずかしいですか？ 苦手なのは、はずかしいからかもしれませんね。まちがっていても楽しくやってみましょう。オニも探しにくくなります。オニになったら、きょろきょろせずに、発信地を誰かにしぼってみるのもいいでしょう。ノリがだいじです。

（1）発信地は誰だ？のルール

①10人以上であそぶと楽しいです。
②全員で輪になり、1人オニを決めます。オニになった人は、いったん部屋を出ます。
③残った人の中で発信者を決めたら、オニに部屋へ入ってもらいます。
④発信者の動き（手を叩くとか、ジャンプするとか）を、みんながまねします。それを続けながら、発信者はオニに気づかれないように、タイミングをみて動きを変えます。
⑤オニは誰が発信者かを当てます。当てることができたらオニを交代します。当たらなければ、当たるまで続けます。

（2）発信地は誰だ？のおもしろいところ

発信者は、自分が発信者だと気づかれないように、動きを変えていくのがおもしろいです。オニは、みんなの様子をみながら、発信者を推理するのがおもしろいところです。動きをまねする人は、発信者の動きを見ながら、オニにばれないように動きを変えるのがおもしろいです。オニと発信者の駆け引きがおもしろいです。

（3）発信地は誰だ？を楽しむコツ

発信者は、オニが別の方向を見ているときに動きを変えるとバレにくいです。

また、みんながまねしやすいような動きをしましょう。発信者はできるかぎり表情を変えないこと、誰かを見てまねをしているようなふりをすることで、わかりにくくなります。

まねする人は、発信者ばかりを見ていると視線が集中してオニにばれるので、別の人を見るのもだいじです。「自分が発信者だよ」みたいな表情をしてみても楽しいです。

オニは、みんなの視線の動きに注目すると、発信者が誰か、わかりやすいです。何人かにしぼって動きを見ているとわかることがあります。予想しながらやってみましょう。どうしても、発信者を見つけられない場合は、オニを複数にしてもらいましょう。

（4）自分なりの作戦を考えてみよう

22 イスとりゲーム

人を押しのけてイスに座るのが苦手な人も多いと思います。でも、ほとんどの人が座れなくなるゲームです。座れないことも楽しんでみましょう。

（1）イスとりゲームのルール

①参加者の数より1つ少ない数のイスを用意します。イスを輪のかたちに並べます。
②イスのまわりを、音楽かリズムがなっているあいだ、みんなで歩きます。
③音が止まった瞬間に、イスに座ります。座れなかった人は、アウトです。
④アウトになった人はゲームからはずれます。イスの数を1つ減らして、②からスタートします。時間がないときは何個かまとめてイスを減らします。
⑤最後に残った人が勝ちです。

（2）イスとりゲームのおもしろいところ

いつ音がなりやむか、ドキドキして楽しいゲームです。座れるイスをすぐに探さないといけないのでスリル感があります。

（3）イスとりゲームを楽しむコツ

ほとんどの人がどこかで負けるゲームです。負けてくやしがるというよりは、その場のふんいきを楽しむゲームです。負けたくないからといって、イスの近くにずっといると、まわりのともだちからイヤがられるし、ゲームが楽しくなりません。

座ろうとしていたイスをとられてしまったら、あわてずに次のイスを探しましょう。誰にもねらわれていないイスが残っていることがよくありますよ。

（4）自分なりの作戦を考えてみよう／みんなでルールをくふうしてみよう

23 フルーツバスケット
（なんでもバスケット）

> フルーツバスケットが苦手な人は、イスとりゲームをたくさん楽しんでからやってみましょう。

（1）フルーツバスケットのルール

①基本的なルールは、イスとりゲームのルールとだいたい同じです。オニを1人決めます。オニはイスに座らず中央に立ちます。

②「フルーツバスケット」では、みんなが果物の名前を自分につけます。オニが「いちご」と言ったら、「いちご」の名前がついている人は席を立って、別のイスに移動して座ります。そのときオニも、どこかのイスに座ります。オニが「フルーツバスケット」と言ったら全員が移動しなければなりません。座れなかった人が、次のオニになります。

③「なんでもバスケット」では、オニが「○○○○な人」と言い、それに当てはまる人が別のイスに移動します。例えば、「黒い服を着ている人」と言われたら、黒い服を着ている人は移動して座ります。そのときオニも座ります。座れなかった人が、次のオニになります。「○○○○な人」がいないときは、もう一度別な言葉を言います。何も思いつかなかったら、「フルーツバスケット」と言いましょう。そのときは全員が移動して、座れなかった人が、次のオニになります。

（2）フルーツバスケットのおもしろいところ

自分がいつ当てられるか、そうなったらどこに座るかを考えるのが楽しく、スリルがあります。負けてもすぐにオニから脱出するチャンスがあり、何度でもあそべます。

（3）フルーツバスケットを楽しむコツ

オニは、「○○○○な人」を考えるのがむずかしいことがあります。そういうときは、できるだけかんたんなことを考えておきましょう。例えば、「朝ごはんを食べてきた人」「メガネをかけている人」などです。どうしても思い浮かばなかったら「フルーツバスケット」と言いましょう。これは、全員が移動しないといけない言葉です。

（4）自分なりの作戦を考えてみよう／みんなでルールをくふうしてみよう

24 ハンカチ落とし

「ハンカチ落としって、苦手だな」と感じたら、ドキドキしたり、まちがったりすることを楽しむようにしましょう。

（1）ハンカチ落としのルール

①10人以上でやると楽しいゲームです。
②みんなで輪になり、内側を向いて座ります。
③1人がオニになって、輪の外側を走ります
④オニは、走りながらどこかのタイミングで、座っている人に気づかれないようにハンカチを落とし、輪の中に戻ります。
⑤ハンカチを自分のうしろに落とされた人は、オニが輪に戻る前にタッチします。タッチされなかったら、オニと交替します。

（2）ハンカチ落としのおもしろいところ

　いつ、誰のうしろにハンカチが落とされるのか、ドキドキしながら待つところ。落とされた後も、すぐに追いかけるところが楽しいです。オニになっても、誰のうしろにハンカチを落とすのか、どんなふうに落とすのかを考えると、スリルがあって楽しいです。

（3）ハンカチ落としを楽しむコツ

　オニがどんどん替わっていくゲームなので、オニになっても気にせずにゲームを続けましょう。
　ハンカチを落とされることを気にしすぎて、うしろをふりむいてばかりだと、ともだちからイヤがられてしまいます。

（4）自分なりの作戦を考えてみよう

25 せーの！で指上げ

> 数字を言うタイミングと、指を上げるタイミングがむずかしいですよね。なれるまでは「ゼロ」だけを言う作戦もありですが、そのときは自分の指を上げないようにね。

（1）せーの！で指上げのルール

①何人でもあそべますが、多くなるほど数が大きくなり難しくなるので、最初は3～4人であそぶのがいいでしょう。

②それぞれが手をグーの形にして、両手をくっつけます。それをみんなでつなげて輪をつくります。

③最初に「せーの！」と合図を言う人を決めます。そして、「せーの！」の合図で、みんながいっせいに「親指を左右とも上げたり、どちらかだけを上げたり、両方とも上げなかったり」します。指を上げるとき、全体の答えを予想して、全員がこれだと思う数字を言います。

④4人であそぶときは、0～8までの数字のどれかが答えになります。全員が両方の親指を一斉に上げたら、参加者の倍の数＝8が答えになります。

⑤自分の答えが正解なら、片方の手を下げることができます（答えの範囲は0～7までの数字になります）。ゲームが進むと、当たるごとに、指の数が少なくなり、答えの数字が減っていきます。

⑥両手を下げることになった人は勝ち抜け。最後まで残った人が負けです。

（2）ゲームのおもしろいところ

なによりともだちとの駆け引きがおもしろいゲームです。数字を言われると、思わず指を上げてしまうことがあります。短時間ですぐに結果が出るので、何度でもあそべます。

（3）ゲームを楽しむコツ

親指をうまく動かせないと、思ったように指を上げられなかったり、思ってもいないのに指が上がったりします。指の練習をするのもいいでしょう。

合計（最大の数）がいくつになるか、常に覚えておきましょう。でも、数がわからなくなったら、とりあえず「0」か「1」を言えば確実です。ただ、そのときは自分の指は上げないようにすることです。誰も指を上げてくれなくても、無視されているわけではありません。みんなが上げないということは、「0」と言うチャンスだと思いましょう。

（4）自分なりの作戦を考えてみよう

第3部
集団あそび攻略法
カードゲーム・ボードゲーム

ここでは、カードゲーム・ボードゲームについて、
- ①ゲームのルール
- ②ゲームのおもしろいところ
- ③ゲームを楽しむコツ
- ④自分なりの工夫や作戦を考える

という4つに分けて書いてあります。

④は、あそびながら自分で書きこんでいくところです。お母さんやお父さん、先生と話しあって、考えていきましょう。

1 大きい数字が勝ち

数の大きさがわからないと、おもしろくないかもしれません。でも、相手がわかればなんとなく楽しめます。まずはそこから！

（1）大きい数字が勝ちのルール

①2人以上であそびます。

②トランプのカードを、同じ枚数ずつ数字が見えないように配ります。ジョーカーは使いません。

③配られたカードは裏向きに重ねたまま「1、2の3」で、それぞれ1枚ずつカードを出します。

④出されたカードの中で、一番大きな数の人が、みんなのカードをもらえます。2人であそんでいて同じ数が出たら、次に出したカードで決めます。3人以上であそんでいて同じ数が出たら、半分ずつ分けてもらいます。半分にできない場合は、次の勝負できめます。

⑤もらったカードは、手もとに重ねて置いておきます。

⑥配られたカードを最後まで出し切ったところで、いちばん多くのカードを持っている人の勝ちです。

（2）ゲームのおもしろいところ

　どんな数が出るかわからないので、運が左右するゲームです。どんな人にも勝つチャンスがあります。すぐに勝負がつくので、負けてもすぐに次のゲームができます。

（3）ゲームを楽しむコツ

　トランプの数字の大小がわからないとおもしろくありません。数字の大きさがわかるようにしておきましょう。とくに11（J）12（Q）13（K）は絵カードなので、なれないとむずかしいかもしれません。そのときは、1～10まででやってみましょう。

　カードを出すタイミングを合わせるとスリルがあります。「1、2の3」で息を合わせて出しましょう。先に自分の手持ちのカードを見てしまうと、ゲームのテンポが落ちてしまいます。負けても勝っても気にせずに、どんどんカードを出して進めていきましょう。

　運がすべてのゲームです。負けてすねてしまうと、まわりはおもしろくなくなってしまいます。ゲームは負けたり勝ったりすることを勉強するには、一番いいゲームです。他のトランプゲームをする前の肩ならしにもなりますね。

（4）作戦・ルールをくふうしてみよう

2 スピード

なんどかあそんでいるうちに、どんどんできるようになっていきます。プラスチックのカードより、紙のトランプのほうがあそびやすいかもしれません。

（1）スピードのルール

① 2人であそびます。

② トランプのカードを半分に分けます。きちんと半分ずつにするには、ハートとダイヤ、クローバーとスペードに分けるといいでしょう。ジョーカーは使いません。

③ 最初に手持ちのカードをよく切ってから、4枚のカードをそれぞれ自分の前に数字を見せるようにしてならべます。

④ 「せーの」の合図で、それぞれが手持ちのカードを1枚、2人の真ん中に出します。

⑤ そこからがスピードです。真ん中に出されたカードの数字に続く数字のカード（3なら2か4、KならQか1、など）を、自分の前にならべた4枚のカードの中から出していきます。

⑥ 自分の前のカードが減ったら、手持ちのカードを補充して、いつも4枚ならんでいるようにします。

⑦2人とも同じカードの上にカードを出そうとしたときは、先に出したほうがカードを置くことができます。先にカードがなくなったほうが勝ちです。連続する数字だけでなく、同じ数字を出してもいいというルールもあります。また、4枚のカードをならべるときに、同じ数字が出たら上に重ねてもいいというルールもあります。どちらも早くカードがなくなるけれど、少し複雑になるルールです。

（2）スピードのおもしろいところ

どちらが速くカードを出すか、スピードを競うスリルのあるゲームです。ならびの数字は大小2つあります。どんな順番でカードを出すかでも、勝負が左右されます。先にカードを出したほうが、次のカードを有利に出せるので、一瞬の判断が勝負の決め手になります。

（3）スピードを楽しむコツ

11～13の絵札の意味がわからないとトランプあそびはむずかしいものです。「7ならべ」などをして、カードの順番を覚えるようにしましょう。

早く動けるように練習しましょう。どうしても勝てない場合は、相手は片手だけしか使えないようにするなどして、少しハンデをもらいましょう。

（4）作戦・ルールをくふうしてみよう

3 ババ抜き

> ババ抜きが苦手な人は、ジョーカーが来たときについ表情に出てしまうタイプかもしれません。相手を油断させるように、気をつけてみましょう。

（1）ババ抜きのルール

①2人以上であそぶゲームです。

②ジョーカー（ババ）を1枚入れたトランプをよくきり、みんなに同じ数ずつ配ります。配られたカードの中に、同じ数字が2枚あれば1組ずつあそぶ人の輪のまんなかに捨てていきます。

③じゃんけんで最初にカードを引く人を決め、回る方向を決めて、隣りの人から1枚ずつカードを引いていきます。引いたカードの数字と同じ数字を持っていたら、2枚のカードを捨てます。

④順番に引いていき、最後にババ（ジョーカー）を持っていた人が負けです。

（2）ババ抜きのおもしろいところ

自分が最後にババ（ジョーカー）を持たないように、相手とのやりとりを楽しむところがおもしろいです。

（3）ゲームを楽しむコツ

自分がババを持っているときは、相手にバレないようにします。自分がババを持っていないときは、相手から引かないようにしましょう。でも、もし引いてしまっても、冷静でいることがだいじです。これをポーカーフェイスと言います。

2人であそぶと、ババを持っている人がすぐにわかるので、3人以上であそぶのが楽しいでしょう。ただ、なれるまでは2人であそぶのも練習になります。運が影響することが多いゲームです。負けても気にせず、何度でもやってみましょう。

（4）作戦・ルールをくふうしてみよう

カードを配る前に、全体のカードから1枚、誰にもわからないように抜いてかくし、かくされた数字がババ（ジョーカーのかわり）になる「ジジ抜き」もあります。最後まで「ジジ」がどれだかわからないので、ババ抜きとは違う推理力やスリルを楽しめます。そのときはジョーカーをはずすか、2枚入れるかします。

4 7ならべ

トランプをきちんとならべられないから苦手だという人もいます。勝負を抜きにして、順番にきれいにならべてみましょう。広い場所も必要ですね。

（1）7ならべのルール

①2人以上であそぶトランプのゲームです。
②全部のトランプをそれぞれに同じ数ずつ配ります。
③手持ちのカードから「7」を出してまんなかにならべます。
④じゃんけんなどで最初に出す人を決め、まわる方向を決めて、「7」に続く数字のカードを同じマークのところに、順番に出してならべていきます。
⑤出ているカードに続く数字がないときはパスします。
⑥最初に自分のカードがなくなった人が勝ちです。

（2）7ならべのおもしろいところ

早く自分のカードがなくなるように、順番を工夫しながら出すところです。また、相手が出しにくいように、カードを出す順番を工夫するのもおもしろいです。

（3）7ならべを楽しむコツ

2人であそぶときは、自分が持っていないカードは相手が持っています。相手が次に出しにくいように、自分が出すカードを選びましょう。いつまでたっても「6」や「8」が出ないマークがあったりします。

多くの人数であそぶときは、自分が思うように進まないことも多くなります。がまんしてチャンスを待ちましょう。

（4）作戦・ルールをくふうしてみよう

13（K）の右側に1（A）を続けて出せるルールもありますね。

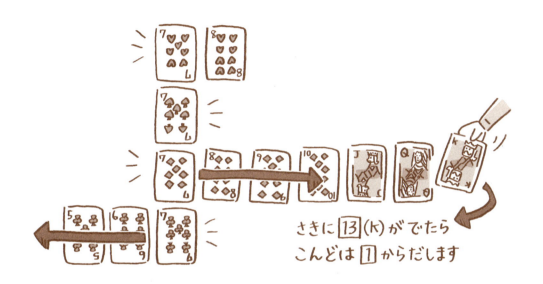

さきに13（K）がでたら
こんどは1からだします

5 しんけいすいじゃく

> 全部の数字を覚えるのはむずかしいですよね。まずは「これだ！」とねらいをつけたカードや、自分の近くにあるカードの数字だけを覚えるようにしましょう。

（1）しんけいすいじゃくのルール

①テーブルの上（床の上）にトランプをバラバラに伏せておきます。
②順番に、ひとり2枚ずつめくって、同じ数が出たときは2枚とももらえます。そして、また2枚のカードをめくることができます。違う数が出たときは、裏返して元のところに戻します。
③次の人が、同じように②をします。
④全部のカードがそれぞれのものになったときが終わりです。手持ちのカードを数えて、たくさん取った人の勝ちです。

（2）しんけいすいじゃくのおもしろいところ

　同じカードがでたときは、すごくうれしいです。前にめくられたカードの数字を覚えておいて「ほらっ」と当てるときもうれしいですが、偶然めくった2枚が同じだったときは、もっとうれしかったりします。

（3）しんけいすいじゃくを楽しむコツ

　相手がめくったカード（数字）の場所を覚えておくと有利になります。自分がめくったカード（数字）の位置も覚えておきましょう。

　どうしてもむずかしく感じるときは、トランプをバラバラにならべないで、将棋盤のマス目のようにきちんとならべてみましょう。カードが覚えやすくなります。最初は、1～10だけでやってみてもいいでしょう。

（4）作戦・ルールをくふうしてみよう

6 だいふごう

カードを出す順番がポイントです。苦手な人は、強い人の出し方をまねしてみましょう。

(1) だいふごうのルール

①だいふごうはルールがむずかしいゲームです。まわりの人に教えてもらいながら、参加するなかで覚えていきましょう。3人以上でやりますが、練習のときは2人でやるといいでしょう。

②「3」が一番弱い数字です。「4、5、6……」と順に強くなり「13」の次に強いのが「1」で、一番強い数字が「2」です（ジョーカーは「2」よりも強く、最強のカードです）。

③すべてのカードを配ります。「ダイヤの3」を持っている人から順番にカードを出していきます。同じ数字なら、複数枚を同時に出すこともできます。

④次の人は、前の人が出したカードより強いカードを、同じ枚数だけ出さなければなりません。例えば、前の人が「3」を3枚出したら、次の人は「4」以上のカードを3枚出さなければなりません（そのときジョーカーは、代わりのカードとして使えます）。

⑤最初にカードがなくなった人が第1位、最後の1人になるまで続けます。

⑥次のゲームが始まるとき、カードを配った後で、第1位の人は最下位の人から一番強いカードをもらい、逆に一番弱いカードを最下位の人に渡します。

⑦第1位の人が次のゲームで一番になれなかったら、自動的に最下位になります。

(2) だいふごうのおもしろいところ

弱いカードをやりくりして相手を倒したり、強いカードで余裕で勝つのも楽しいゲームです。

（3）だいふごうを楽しむコツ

　あまりやったことがない人どうしであそぶときは、どのカードから出していいのかわからなくなるので、数字が見えるようにみんなでカードを見せあいながら、どんなふうにカードを出していくのか、練習するのもいいでしょう。
　トランプのカードは運の要素も強いです。一番になることもだいじですが、最後まで残らないことを目標にしてもいいでしょう。いきなり強いカードを出すと後で困ることがあります。「1」「2」「ジョーカー」は切り札にとっておきましょう。負けないようなたたかい方もだいじです。

（4）作戦・ルールをくふうしてみよう

　「3」が一番強くなり「2」が一番弱くなる「革命」もあります。くわしい人に教えてもらいましょう。

7 坊主めくり

坊主めくりは、運がすべてです。苦手だと思わずに、スリルを楽しみましょう。

（1）坊主めくりのルール

①百人一首の読み札（絵が描いてあるほう）を使います。2人以上、何人でもあそべます。
②読み札を裏向きにして、重ねて置きます。
③1枚ずつ、順番にめくって取っていきます。
④めくった札にお坊さんが出たら、持っていた札を全部出さなければなりません。
⑤めくった札にお姫様が出たら、その場にあるカードを全部取ることができます。
⑥めくった札がお坊さんでもお姫様でもなければ、そのまま手持ちの札になります。
⑦最後までめくり終わったとき、最も多くの札を持っている人が勝ちます。

（2）坊主めくりのおもしろいところ

めくるまで何が出るかわからないので、スリルがあります。たくさんの札を持っていても、お坊さんを引いてしまえば手持ちの札がゼロになってしまいます。逆に、持ち札が少なくても、お姫様のカードを引けば大逆転のチャンスです。
百人一首は、小学校3年生頃から国語の教科書に載っています。読み札・取り札の実物に触れるのも、勉強になります。

（3）ゲームを楽しむコツ

百人一首を知らなくても、絵がわかれば誰でもかんたんにあそべます。勝負は運に左右されるので、どんな人でも同じようにあそべます。

絵札によっては、お坊さんかどうかまぎらわしい札がいるので、あそぶ前に決めておきましょう。決められないようなら、はじめから除けておきましょう。お姫様かどうかわかりにくい札もいますので、同じようにしておきましょう。

途中で手持ちの札がなくなっても、最後まで勝負はわかりません。あきらめずにカードをめくっていきましょう。

（4）作戦・ルールをくふうしてみよう

8 かるた

苦手な人は、目の前の札に集中しましょう。全部を取ろうとムリせずに、目の前の札はだれにも渡さないつもりでやると強くなります。

（1）かるたのルール

①何人でもあそべます。読み手をひとり決めましょう。読み札は読み手が持ちます。
②取り札はバラバラに置きます。
③読み手が読み札を読み始めたら、取り手は取り札を探します。
④まちがった札を取ったら「お手つき」になり、1回休みです。
⑤取り札がなくなったら終わりです。一番多くの札を取った人の勝ちです。

（2）かるたあそびのおもしろいところ

取り札には、最初の一文字と絵が描いてあります。読み手が読んだ言葉の最初の文字をヒントに探すのが楽しいです。言葉の意味がわからなくても、文字だけで探すことができます。

最後の数枚になると、カンで取れてしまうので、読み手はわざと違う言葉を読んだりしてもいいでしょう。札を取る人は、読み手の言葉をよく聞いておきましょう。

（3）かるたあそびを楽しむコツ

全部の札を取ろうとしてもむずかしいので、まず、自分の近くにある札は必ず自分が取ると決めて、どんな札が近くにあるか、覚えてしまいましょう。

ずっと同じ人が読み手だと、読むのに疲れてしまうので、交代してもいいです。上手に読めないと、ともだちがイライラしたりします。読むのが苦手な人は、

練習して上手に読めるようになってから読み手になりましょう。

(4) 作戦・ルールをくふうしてみよう

9 五目ならべ

まずはルールをしっかり知ることから。ルールを理解したら、勝ちパターンをいくつか覚えること。それで苦手さがなくなります。

（1）五目ならべのルール

①碁石と碁盤を使います。碁盤がなければ、紙にマス目を書いて代わりにします。

②2人で、●（黒）と○（白）に分かれてあそびます。交互に打ち合い、タテ、ヨコ、ナナメ、どこでも5個連続でならべたほうの勝ちです。

③途中、3つならんだときには相手に必ず「さん」と言って伝えなければいけません。同じように、4つならんだときは、必ず「よん」と伝えます。「さん」や「よん」と言われたほうは、5つならべられないように、止めなければなりません。
※例えば「○●●●●」となったら、●は「よん」と言います。○は「○●●●●○」のように石を置けばと5つならぶのを防げます。しかし、「●●●●」になったときに「よん」と言われても、○は「●●●●○」と置くしかないので、●は「●●●●●○」と置いて勝つことができます。だから、「さん」と言われたとき、必ず「●●●」のどちらかの端に○を置いて、「●●●」が「●●●●」になるのを止めなければなりません。

④うまく、タテ、ヨコ、ナナメでならびを組み合わせると、相手がどう止めても5つ並べることができます。

⑤碁盤を使うといつか決着がつきますが、紙だと決着がつかないこともあります。そのときは引き分けです。やりなおしましょう。

（2）五目ならべのおもしろいところ

どうすれば相手にわからないように5つならべることができるか、楽しいあそびです。碁石の感触や碁盤に石を打つ音も気持ちがいいですね。

（3）五目ならべを楽しむコツ

　　最初は5つならべるタイミングがむずかしいので、タテ、ヨコ、ナナメで5になる方法をたくさん考えてみましょう。攻めることばかり考えていると、相手から思ってもみないところで5にされてしまうことがあります。気をつけましょう。ともだちが対戦しているのを見るのも参考になります。もっとむずかしいルールもあります。なれてきてうまくなったら、調べてやってみましょう。

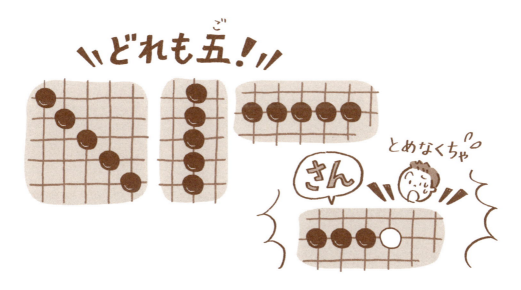

（4）勝つための方法を考えてみよう

10 オセロ（リバーシ）

たくさん取ることだけを考えていると、気がつけば負けていることがあります。苦手な人は、じっくりと相手に取られないような置き方を考えてみましょう。

（1）オセロのルール

①8×8のマスで、黒と白とが表裏になっている石をつかってたたかう2人用のゲームです。商品によっては別の名前（リバーシなど）で売られているものもあります。盤と石が磁石になっているものもあります。

②はじめに真ん中の4つのマスに、

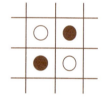

のように石を置いてから始めます。それぞれが1つずつ手持ちの石を置いていきますが、置くときは必ず相手の石を挟む（③）ように置かなければなりません。

③「●○●」のように、○を●で挟めば、あいだにある○がすべて●に変わります。

④最後に多く並んでいる色が勝ちです。

（2）オセロゲームのおもしろいところ

負けているように見えていても、大逆転することがあります。あきらめずに最後までがんばってみましょう。

ルールは単純ですが、思いもよらないところでひっくり返されたりします。何度も練習するとわかるようになってきます。相手がどんなふうに石を置いてくるのか、自分がどこに置かれたら困るのか、想像できるように練習してみましょう。1人で2人の役をやってみるのもいいかもしれませんね。

ななめにならべるのがわかりにくいので、なれるまでは指でななめになぞって

たしかめながらあそびましょう。

（3）オセロゲームを楽しむコツ

たくさんの数が取れるところばかりをねらうと、逆転されることがあります。取り返されないように考えて石を置きましょう。4つあるコーナー（角）を取れば、取り返されることはありません。多少取られても、コーナーを取るようにしましょう。

どうしても勝てない場合は、ハンデとして最初にコーナーのいくつかに自分の石を置かせてもらいましょう。

（4）勝つための方法を考えてみよう

11 はさみ将棋

> まんなかにあるコマを動かすと取られやすいので、苦手な人は端っこのコマから動かしましょう。

（1）はさみ将棋のルール

①2人であそぶゲームです。将棋の「歩」のコマと、将棋盤を使います。

②お互いに「歩」を盤の手前の枠に「歩歩歩歩歩歩歩歩」のように一列にならべます。

③コマはタテかヨコに1枠ずつ、別のコマにぶつからないかぎり動かすことができます。

④動かしながら、相手のコマを摘んでいきます。タテでもヨコでも、●○●のようになれば、挟まれた○は取られてしまいます。●○○●のように挟んで取ることもできます。

⑤コマが2つないと挟むことができないので、相手のコマが1つになったときが、自分の勝ちです。

（2）はさみ将棋のおもしろいところ

将棋のルールを知らなくても、かんたんなルールで将棋のコマを使ってあそべます。いろいろなボードゲームの基本となるあそびです。

（3）はさみ将棋を楽しむコツ

自分のコマどうしを協力させながら、相手のコマをはさむようにするのは、なれないとなかなかできません。何度も練習してみましょう。他の人どうしがやっているのを見るのも、参考になります。

コマとコマとの協力の練習ができるようになると、将棋がわかりやすくなり

ます。将棋の練習としては、とてもいいゲームです。

　どうしても勝てないときは、相手のコマを減らしてもらうなどして、ハンデをもらいましょう。それから、これはマナー違反なのですが、自分と反対側から見ると、自分が見えていないことがわかることがあります。相手にお願いして、相手の側から見てみましょう。

（4）勝つための方法を考えてみよう

12 将棋

> 将棋は子どもから大人まで、一生楽しめる奥の深いゲームです。まずはコマの動かし方を覚えましょう。その後はいくつかの勝ちパターンをマスターしていきます。勉強するほど強くなる、それが将棋のおもしろさです。

（1）将棋のルール

①2人でするゲームです。将棋盤と将棋のコマを使います。

※それぞれのコマの動かし方など、基本的なルールはここには書きません。ぜひ、将棋の本を読んだり、よく知っているともだちやおとなに相手をしてもらいながら教えてもらってください。なかには、動かし方が書いてある初心者用のコマもあります。なれるまではそれを使ってあそんでもいいかもしれませんね。

②相手のコマをとったら、自分のコマとして使えるのが将棋の特徴です。

③最後に相手の「王将」を取ると勝ちになります。「王将」を取るというよりも、王将が逃げられなくなるまで追いつめるかたちです。これを「詰む」と言います。

（2）将棋のおもしろいところ

覚えれば覚えるほど、むずかしい作戦が必要になってくる、奥が深いゲームです。昔からあるあそびなので、おじいちゃんともあそべます。すごく強くなると、プロとして仕事をしている人もいます。

取ったコマを使うタイミングを考えるのも楽しいです。同じ相手と何度も勝負していると、相手の考え方がなんとなくわかってきておもしろいです。

（3）将棋を楽しむコツ

将棋がうまくなるためには、コマを取られないように逃げるだけではなく、

コマとコマを協力させて自分のコマを取られないように考えましょう。そのためにも、まずコマの動かし方のルールをきちんと覚えることです。

将棋には、こういうときはこう打つというように、決まった方法＝定石（じょうせき）があります。定石は将棋の本に載っています。たくさん覚えておきたいですね。レベルアップのための「詰め将棋」「次の一手」など、クイズ形式の本もあります。これを解いていくと、将棋がどんどん強くなります。たくさん、本を読みましょう。

マナー違反ですが、相手の側からみると、自分が気づいてないことがわかったりします。相手にお願いして、反対から見てみるのも将棋の勉強になります。どうしても勝てない時は、コマを減らしてもらうなど、ハンデをつけてもらう方法もあります。

自分が打った後で、それが相手にとても有利になることがわかったとき、「待った」と言って、やり直してもらうこともあります。「待った」ばかりするとイヤがられますので、相手にお願いして、ＯＫしてくれたらやり直させてもらいましょう。

試合が終わった後に、一手目から順番にやり直してみて、どこがまちがっていたか、こんなにふうにしたらどうなったかをいっしょに考えてみる「感想戦」をすると、もっと上手になります。強くなりたかったら、「感想戦」をやってみましょう。

テレビで将棋の対局を放送していることがあります。解説者の説明をよく聞いて、参考にしてみましょう。

第3部　集団あそび攻略法：カードゲーム・ボードゲーム

第4部
スポーツが好きになる観戦のツボ

　ふだんテレビでよくやっているようなスポーツの多くは、自分が本格的に試合に出ることはむずかしいものですが、ルールをよく知ったり、選手や試合のどんなところに注目するのかを知ることによって、テレビを見たり、会場で試合を見る楽しさが、ぐーんと違ってきます。ともだちとの会話も楽しくなり、家族とも話がはずむようになります。ルールやみどころを知っておきましょう。観るのが楽しくなると、自分でもやってみたくなるかもしれませんね。

1 プロ野球

　プロ野球には、12のチーム（球団）があります。6チームずつ、セントラルリーグ（セ・リーグ）とパシフィックリーグ（パ・リーグ）の2つのリーグに分かれています。2つのリーグで一番になったチーム同士がたたかって、一番強いチームを決めるのが、日本シリーズです。日本シリーズに出るチームをどうやって決めるのかは、ルールが変わっていますので、興味があったら調べてみましょう。

〈観戦を楽しむためのかんたんなルール解説〉

　野球には、守る側と攻める側があります。
　守る側には、9つのポジションがあります。ピッチャー（投手）、キャッチャー（捕手）、内野手は4人［ファースト（一塁手）、セカンド（二塁手）、サード（三塁手）、ショート（遊撃手）］、外野手は3人［センター（中堅手）、ライト（右翼手）、レフト（左翼手）］です。
　打つ側には、1～9番までの打順があります。パ・リーグには指名打者という制度があり、ピッチャーの代わりに打つだけの人がいます。
　相手のピッチャーが投げたボールを打つ人をバッターと言います。バッターは、ファールしたり空振りしたり、ストライクのコースを見逃すと「ストライク」になります。ストライクが3つでバッターは「アウト」になります。バッターは、2ストライクになった後は、何度ファールを打っても2ストライクのままです。
　ストライクが3つになるまでに、ストライクにならずに外れた「ボール」が4つに

なると、4（フォア）ボールになります。

　バッターは、ボールを打ったら一塁に向かって走ります。ゴロを打ったバッターがファーストに走り着くまでに、ゴロを捕った守りの選手がファーストにボールを投げ、ファーストがボールを捕るとアウトになります。バッターがセーフのまま一塁→二塁→三塁とまわって、本塁（ホーム）に帰ってセーフになると、そのチームに１点入ります。また、打ったボールが地面に落ちずに、ファールにもならずに外野席に入るとホームランになり、バッターは本塁まで帰ることができます。

　アウトが３つになると、スリーアウトでチェンジ（攻める側と守る側が交代）になります。それぞれがスリーアウトになると、１回（先に攻めるほうをオモテ、後に攻めるほうをウラと言います）が終わり、これを９回まで繰り返します。９回が終わって、点数の多いチームが勝ちです。９回が終わって同じ点数の場合、引き分けで終わるか延長戦を行うか、延長は何回までするかなど、いろいろなルールがあります。

　選手は交代することができます。交代した選手は、その試合にもう一度出ることはできません。例えば、バッターが別のバッター（代打、ピンチヒッター）に代わったら、前のバッターは同じ試合にはもう出ることができません。

　試合の最初に投げるピッチャーを、先発投手と言います。先発投手は、１試合で100球くらい投げます。プロ野球は、年間140ぐらいの試合をします。毎日一人で投げるのは無理なので、少なくとも、５～６人の先発投手が必要になります。５～６人を順番で投げさせることをローテーションといいます。先発投手が５回以上を投げて試合に勝つと、勝利投手になります。

　先発投手が打たれたり、けがをしたり、チャンスのときに代打を送られたりすると、途中から投げるピッチャーに代わらなければなりません。これを中継ぎピッチャーといいます。勝っている試合に投げる中継ぎと、負けている試合に投げる中継ぎなど、いろんな選手がいます。チームが勝っているときに、最後の１回をまかせてもらえるピッチャーがいます。これを「抑え」と言います。抑えのピッチャーが、３点差以内で投げて勝つと、セーブポイントが付きます。

　ピッチャーには、先発と中継ぎと抑えというように、大きく分けると３つの役割があります。どの役割が向いているか、選手の個性（力や技術、性格）によっても違います。

バッターは、1番から9番まで決まった順番で打席に立ちます。選手の個性によって打順が決まります。足が速かったり、ヒットを打つのが上手いバッターは1番。点数が入るかもしれないチャンスの場面で強いバッターやホームランを打てるバッターは、3〜5番を打つことが多いです。守備はうまいけれども打つのは苦手という選手は、7〜9番を打ちます。特に守備を中心にがんばるピッチャーやキャッチャーなどの選手は、打つことへの負担が少なくすむように、7〜9番になることが多いです。

〈野球観戦を楽しむポイント〉

　応援しているチーム〈ファン・ひいき〉があれば、そのチームを応援するだけでも楽しいです。途中まで負けていても、最後の最後に逆転する可能性があるのが野球のおもしろいところです。負けても明日も試合があります。次の日も応援しましょう。もし、好きなチームが弱くても、応援している選手がたくさんヒットを打ったり、守備でカッコいい動きをしたりするのを見るとうれしいです。

　どんな、チームにどんな選手がいるかを知っていると、テレビ観戦がより楽しくなります。自分ならどんな選手を使うか想像したり、若手の選手がどんなふうにうまくなっているかをみるのも楽しいです。

　ピッチャーとバッターのかけひきなど、いろいろなドラマを発見してみましょう。

〈自分なりの楽しみ方を考えてみよう〉

　春と夏には、兵庫県の甲子園球場で、高校野球の全国大会が行われ、毎日テレビで放送されます。ルールはほとんどプロ野球と同じですが、違うところもありますので、調べてみましょう。高校野球で活躍した選手が、プロ野球や大学野球でも活躍することがあります。好きな選手を見つける楽しみもありますね。

2 テニス

　テニスも、多くのスポーツ競技と同じように、アマチュアとプロがあります。テレビに出ている選手は、ほとんどがプロ選手です。その選手がどれだけ強いかは、世界ランクという順位でわかります。野球とちがって、女子の大会と男子の大会とが対等に扱われています。

〈観戦を楽しむためのかんたんなルール解説〉

　テニスは、相手が打てないところに向かってボールを打ちあうゲームです。1点入ると15（フィフティーン）。2点入ると30（サーティーン）、3点入ると40（フォーティーン）、4点が入ると1セットを取ることができます。そして、先に6セットとると、1ゲームを取ったことになります。3ゲーム制なら3ゲーム先に勝ったほうが勝ち、5ゲーム制なら5ゲーム取ったほうが勝ちです。

　サーブは、1セットごとに交代します。サーブだけは、自分のタイミングで思い切り打つことができるので、強力な武器になります。サーブは1度に2回まで打つことができますが、2回とも失敗すると、ダブルフォールトといって相手に一点が入ります。2回目のサーブは入りやすくする打ち方をします。

　サーブをしているセットは取りやすくなりますが、相手がサーブするセットを取るとブレークポイントになり、ゲームのなかでとても有利になります。

〈テニス観戦を楽しむポイント〉

　ボールのスピードが速いので、打ち合い（ラリー）を見ているだけで楽しいです。

　どうやったら勝つのか、ルールを覚えながら見るのは少しむずかしいですが、ボールがライン（線）から外に出ているかどうかで、どちらの得点になるのかがほとんどわかるので、見ているとなんとなくわかってきます。

　大きな大会で活躍する選手には、いろいろな選手がいます。さまざまな個性を知ると、ゲームを見るのが、より楽しくなります。

　サーブのスピードがすごく速い選手。時速200キロ以上のサーブを打つ選手もいます。

　動きが速くて、どんなボールでも打ち返せる選手。

　相手が打ちにくいところ、ラインぎりぎりをねらってボールを打つ選手。

　テニスのマンガやテレビのニュースを見ると、新しいおもしろさに気づくことがあります。

〈自分なりの楽しみ方を考えてみよう〉

　今、日本で一番強い選手は誰かな？

　テニスのマンガで知っているものは？

　車いすテニスを知っていますか？

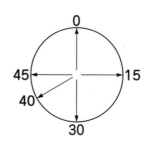

〈テニスが15点ずつ進む理由〉
　昔は時計で点を数えていたので、15分、30分、40分、45分で0に戻っていたからです。

3 サッカー
　（Jリーグ）

　日本にはプロ・サッカーリーグのJリーグがあります。Jリーグは、強い順に、J１（ジェー・ワン）、J２、J３、その次にJFLというリーグがあります。

　世界の国別の試合には、日本代表チームが選ばれて、代表チームをつくります。4年に1度、世界の国の代表がたたかう最も大きな大会（ワールドカップ）が、4年に1度行われますが、それに向けて、2年前から予選が始まります。

　オリンピックのサッカーには23歳以下の選手しか出場できません。ただし3人だけ23歳以上でも出場できることになっていて、それをオーバーエージ枠と呼びます。サッカーは、選手の個人の力も大切ですが、チームワークも必要なスポーツです。オリンピックのときだけ、オーバーエージの選手が出場しても、うまくいかないことがあります。

　日本は、オリンピックでは男女とも優勝したことがありませんが、ワールドカップでは2011年に女子が優勝しました。今後、日本のサッカーがどれだけ強くなっていくのか、見ていくのも楽しみの一つです。

〈観戦を楽しむためのかんたんなルール解説〉

　1チーム11人の選手が出場します。

　攻撃の中心となる選手をフォワード（FW）、守備の中心となる選手をディフェンダー（DF）、攻撃と守備のどちらもする選手をミッドフィルダー（MF）といいます。10人の選手をどこのポジションにするかは自由です。

もう一人、ゴールを守る選手がゴールキーパー（ＧＫ）です。ＧＫは手を使うことができますが、手でボールを持って歩けるのは４歩までです。他の選手は手を使うことができません。手を使うと「ハンド」という反則になります。

　危ないプレーをした選手に、審判が反則をとるとイエローカードが出されます。イエローカードが２枚目になると、退場になります。とても危険な反則などにはレッドカードが出されますが、出された選手はその場で退場させられます。退場した選手の代わりの選手を入れることはできません。一人が退場になると、10人対11人になるので、試合には不利になります。

　試合時間は90分、前半45分、ハーフタイムをはさんで後半45分です。相手のゴールにボールを入れることができると１点です。得点の多いチームが勝ちです。後半が終わっても同点のときは、そのまま引き分けで終わる場合と、前半・後半を15分ずつ行う延長戦に入る場合があります。

　それでも決着がつかない場合はＰＫ戦になります。５人が交互にゴールキーパーと１対１でシュートをして、シュートが多く決まったチームが勝ちます。５人で決まらない場合は、６人目、７人目と、決着がつくまでＰＫ線が続けられます。

〈サッカー観戦を楽しむポイント〉

　サッカーは45分間、ほとんど休みがありません。あっという間に時間がたちます。攻撃と守備の切り替えが早いので、スリル満点の展開が楽しめます。１つの試合のなかで多くのゴール（得点）が生まれることはないので、引き分けをねらう戦術もあります。むずかしい「オフサイド」もだんだんわかるようになります。

　チームには「シュートがうまい選手」「パスを出すのがうまい選手」「足が速い選手」「守備のうまい選手」「ゲームを組み立てる選手」など、特徴のある選手がいます。

　それぞれの選手がどんな動きをするかで、チームは強くなったり、弱くなったりします。どんなふうにすれば勝つのか、考えながら見るのも楽しいです。

〈自分なりの楽しみ方を考えてみよう〉

　どんな選手がかっこいいかな？
　どんなサッカーのアニメを知っているかな？
　近くにあるサッカーチームはどのチームかな？

4 バレーボール
（Vリーグ）

　いまから30年ぐらい前、日本のバレーボールチームは、世界でもいちばん強いチームでした。しかし、背が高くて力の強い選手が多い国のほうが試合に勝つようになってきました。日本は、それに対抗するために、スピードや作戦などでがんばっています。女子はかなり強くなってきましたが、男子はこれからです。

　日本で一番強い選手たちがいるバレーボールのリーグを「Vリーグ」と言いますが、ほとんどの選手が、プロではありません。他の仕事をしながらバレーボールをしている社会人選手です。なかには個人でプロ契約をしている選手もいます。強い選手は日本代表に呼ばれます。目標はオリンピックで金メダルをとることです。

〈観戦を楽しむためのかんたんなルール解説〉

　バレーボールのルールは変わりやすいので、あまり変わることがないルールを中心に紹介します。

　1チーム6人で試合をします。コートの前のほうに3人（前衛）、後ろのほうに3人（後衛）の2列が基本の選手配置です。

　自分のコートにボールが落ちたり、3回以内で相手にボールを返せなかったら、点数が取られます。同じ選手が2回連続してボールを触ることはできません。ネットに手や体が触れると相手の得点になります。

　決められた点数を取るとそのセットを取ることになります。試合は、1セットで勝敗を決める場合もあれば、3セット、5セットのときもあります。

選手は途中で交代できます。交代した選手は、交代した選手と交代して試合に戻ることもできます。
　相手のチームが得点を入れた後、自分のチームの得点が入ると、選手のポジション（位置）が一つずつ時計回りにずれていきます。これをローテーションといいます。攻撃が得意な選手が後衛に下がったり、守備が得意な選手が前衛にならないといけなくなりますので、監督は選手の配置をよく考えないといけません。
　アタックを打ちやすいようにボールをあげる人を、セッターと言います。野球でいうとキャッチャーのようなチームの司令塔です。上手にボールを上げることも大切ですし、誰にボールをまわすのか、相手の裏をかくことも大切になります。
　リベロという守備専門の選手が一人います。リベロは攻撃（アタック）できません。後衛の選手は、真ん中の線を越えて、打つことはできません。そのため、真ん中の線の手前でジャンプしてアタックをします。これをバックアタックといいます。

〈バレーボール観戦を楽しむポイント〉

　強いアタックをレシーブしたボールを、みんなでつないで、相手に反撃して得点を取るシーンは見ごたえがあります。
　バレーボールのサーブは、実はすごくボールに変化がかかっています。相手は、普通にひろっているように見えますが、それもすごい技術なのです。
　強いアタックも、誰が打つかわかっていれば、相手のブロックで防がれます。それをいかにかわして点をとるか。誰が打つのかわかっていても、防御を超えてアタックを打つ選手のすごさ。得点の取り合いの裏側を見るのが楽しいです。
　バレーボールは、試合の流れが大きく勝負に影響するゲームです。監督がタイムを取ったり、選手交代をしたり、どのようにして流れを変えていくかを想像するのもおもしろいところです。

〈自分なりの楽しみ方を考えてみよう〉

　バレーボールのアニメもあるよ。知っているかな？
　バレーボールの楽しみ方はいろいろあります。お年寄りの施設では風船を使った風船バレーボールで楽しく健康づくりをしているところもあります。

5　ゴルフ

　ボールを打つときは静かにしないといけない、自分のミスは自分から言わないといけないなど、ルールやマナーにきびしいこと、服装にも規則があることなどから、ゴルフは紳士のスポーツと言われています。

　日本でも大きな大会があります。おおよそ金曜日までに予選が終わり、土・日に決勝が行われます。テレビでも土・日に放送されるのはそのためです。

　日本で活躍した選手は、世界の大きな大会でも試合をします。すごい選手になると、一年間で一億円以上の賞金を稼ぎます。試合で戦うプロではなくても、ゴルフを教えることでお金を稼いでいる人もいます。こういう人をレッスンプロといいます。

〈観戦を楽しむためのかんたんなルール解説〉

　試合は18コースで行われます。コースは大きさによって、ボールをホールに入れるまでの基準打数（これをパーと言います。だいたい3〜5回まで）以内に入れることができると、得点は減りません。

　パー3というのは3回以内でボールをホールに入れてください、ということです。パーの数字よりも1打少なく入れることができると「バーディー」と言い、−1（マイナス1点）、2打少なく入れることができると「イーグル」と言い、−2（マイナス2点）になります。逆に、1打多くかけて入れると、＋1点（プラス1点）でボギー、2打余分に入れると、ダブルボギーで＋2点（プラス2点）になります。18コースを回って、合計点が最も少ない人が勝ちます。

決められたコースの外にボール打ってしまうとＯＢになり、１打余分に打ったことになり、もう一度打ち直さないといけません。ほかにも細かいルールがたくさんありますが、テレビで見るだけなら、解説を聞くことで理解できると思います。
　ボールを打つには、クラブを使います。クラブには、大きく飛ばすためのものから、ボールをホールに入れるために短い距離を転がすためのものなど、たくさんの種類があります。

〈ゴルフ観戦を楽しむポイント〉

　いかに少ない回数で、ボールを直径108ミリのホールに入れることができるのか？　難しい場所からでも、ホールに向かって上手に打つのを見るのは楽しいです。
　ただ、ゴルフ中継は、たんたんとして静かな番組です。ずっと見ているのは退屈に思うこともあるでしょう。そんなときは、おとうさんに話を聞きながら観るのもいいかもしれません。
　プロの試合は、数日かけて行われます。テレビ中継のある最終日は、順位が上の人は最後にスタートします。優勝するのは誰か？　２位と１位の差は何打あるのかなど、考えながら観るとより楽しみです。

〈自分なりの楽しみ方を考えてみよう〉

　世界で活躍している日本人選手って、けっこういるね。
　ゴルフのアニメ、マンガを知っているかな？
　バーディ、ボギーなどの用語は鳥の名前から来ています。なんという鳥かな？
　ゴルフはどの国で生まれたスポーツか知っているかな？

6 バスケットボール

　日本には、トップの選手がいるリーグが2つあります（2015年4月）。この2つをどうやって統一するのかが大きな問題になっています。バスケットが一番うまい選手が集まるリーグは、アメリカにあるＮＢＡという組織です。ＮＢＡにはこれまで2人の日本選手が挑戦しましたが、完全にレギュラーになることは難しいです。それくらい世界にはすごい選手がたくさんいるのです。

〈観戦を楽しむためのかんたんなルール解説〉

　1チーム5人で試合をします。試合は10分を1ピリオドと呼び、決められた時間の休憩をはさんで4ピリオド行います。合計の得点が高いチームが勝ちます。
　控えの選手とはいつでも交代できます。交代した選手も試合に戻ることができます。
　ゴールにボールが入ると、2点が入ります。決められた線よりも外側からシュートが入ると3点入ります。
　ボールはパスかドリブルで運びます。ドリブルの場合、一度止まってボールを持つと、もう一度ドリブルをすることはできず、後はパスしかできません。ボールを持って歩くのは3歩までです。それ以上すると、ダブルドリブルという反則になります。
　その他にも細かいルールがたくさんありますが、ゲームを観ながら覚えていきましょう。

〈バスケットボール観戦を楽しむポイント〉
　バスケットボールのチームには、いろいろな特徴のある選手がいます。
・遠いところからシュートをねらって、３点取るのが得意な選手。
・たくさん守っている人がいるのに、それを素早くかわしてシュートを成功させる選手。
・シュートを失敗したときのボールを奪い取るのが上手な選手。
・味方にパスを通すのが上手な選手。
・ゴール前にいてシュートを決める背が高い選手。
・体力がある選手、足が速い選手……など、いろいろな個性が１つに集まって相手チームとたたかっています。
　すごい選手の動きをずっと追いかけてみていても楽しいです。あっという間にパスが回っていくので、それを観るのもいいかもしれません
　バスケットボールの試合では、最後の数分間、数秒間で勝負が決まることがあります。最後の駆け引きを観るのも楽しいです。

〈自分なりの楽しみ方を考えてみよう〉
　バスケットボールは高校生の全国大会が放送されます。
　バスケットを題材にしたマンガもたくさんあります。いくつ知っていますか？
　１人対１人の対戦を楽しむ「ワン・オン・ワン」、３人対３人で行う「スリー・オン・スリー」というゲームもあります。
　小学校の授業では、ミニバスケットというゲームも行われています。

7 卓球

　日本では、プロの選手が数名いますが、多くは社会人選手です。中国やヨーロッパでは、プロのリーグがあります。

〈観戦を楽しむためのかんたんなルール解説〉

　ラケットを持って、卓球台の上でボールを打ち合うゲームです。ラケットには、ペンホルダータイプ（片面を使うことが多い）とシェイクタイプ（両面を使う）の2種類があります。それぞれのラケットで持ち方が違います。

　サーブは2本交代で打ちます。サーブをするときは、まず自分のコートにワンバウンドさせてから、相手のコートにワンバウンドさせます。そのあとは、相手のコートにワンバウンドさせて返します。

　11点を先に取ったほうが、そのゲームの勝ちです。決められた数のゲームを行い、多くのゲームを取ったほうが勝ちになります。

　1対1で行う試合（シングル）と、2対2で行う試合（ダブルス）があります。ダブルスのゲームでは、必ず味方が交互に打たなければなりません。

〈卓球観戦を楽しむポイント〉

　誰でもできそうに見えますが、ボールがすごく速くて、しかも変化するので、一瞬の間にとても複雑な駆け引きがおきています。

　速い球を打つのが得意な選手、変化球を打つのが得意な選手、攻撃が得意だったり

防御が得意だったりと、いろんな選手がいます。また、サーブの打ち方を見ても、個性があります。

　卓球は、流れをつかむことができると、どんどん点が入りやすくなるゲームです。相手に流れがいくと、どんどん点を取られてしまうので、応援にも力が入りますね。

〈自分なりの楽しみ方を考えてみよう〉

　小さい頃から有名な選手が、どんなふうに強くなっていくのかをみていくことも、楽しみのひとつですね。

　宿泊施設や町のコミュニティセンターなどにも、卓球台が置いてあるところがあります。テレビで見るようにはできませんが、2人いれば室内でできるスポーツです。ぜひチャレンジしてみましょう。見た目よりも激しい運動になります。

　学校の部活に卓球がある学校も多くあります。練習すればするほど、力がついていきます。部活選びの1つとして考えてもいいですね。

8 ボウリング

　テレビではあまり放送されなくなりましたが、日本でも大ブームだった頃は人気のテレビ番組で、スター選手もたくさんいました。
　いまでも、家族やともだちとボウリングに行くことがあるでしょう。少しルールを知っていると、楽しく遊ぶことができます。

〈観戦を楽しむためのかんたんなルール解説〉

　ボールを転がして、レーンの先にある10本のピンを倒します。
　1投目で10本倒すとストライクになり、2投目はありません。1投目で全部倒せなくても、2投目で全部倒せればスペアになり、2回で倒したピンの合計数が得点になります。倒れずに残っているピンがあっても、3投目はありません。これを1フレームと呼び、9フレームまではこのくり返しです。10フレーム目だけは、1投目か2投目で10本全部倒せると、もう1回投げることができます。
　10フレームで1ゲームになり、得点を計算します。誰がいちばん得点が高いかわかります。計算方法にもルールがあります。例えば、ストライクが出ると、次のフレームの得点が高くなります。また、スペアが出ると、次のフレームの1投目の得点が高くなります。ストライクやスペアの次は慎重に投げましょう。
　ボールが途中で溝に落ちると、ガーターと言います。

第4部　スポーツが好きになる観戦のツボ　113

〈ボウリングを楽しむポイント〉

　初めての人でも、ボウリング場に行けば遊べます。ボールや靴を貸してくれるし、得点もコンピュータが計算してくれるのでだいじょうぶ。

　重いボールを選ぶと投げにくくコントロールしにくいですが、当たるとピンが倒れやすい。軽いボールを選ぶと、コントロールがつけやすくスピードも出ますが、当たってもピンが倒れにくい。それぞれの利点を考えてボールをいくつか用意して始めましょう。

　プロのボウリング選手の技をテレビで見ると、ボールを変化させたりして、連続してストライクをとっています。すごく離れた２本のピンをボールのコースを変えたりすることで倒すこともできます。なかなかできませんが、そういう技を観て楽しむのもテレビ観戦の楽しみですね。

〈自分なりの楽しみ方を考えてみよう〉

　ボウリング場はみんなで楽しむところです。あちこちでハイタッチや歓声がきこえてきます。ともだちや家族がストライクを出したり、スペアを取ったりしたときは、いっしょによろこびましょう。

　テレビゲームにもボウリングがあります。ルールを覚えるのにはいいですね。

まとめにかえて

　私は、幼稚園や保育園、小学校、中学校などの現場に直接出向いて、子どもたちを観察し、担任の先生などにアドバイスする、巡回相談の仕事をしています。

　そのなかで、担任の先生からよく、ともだちと集団あそびができずにいる子の相談を受けます。本人が困っているかどうかは別として、先生はなんとか集団あそびに入ってほしいと思っています。

　学校・園のこれまでの考え方は、子どもはともだちとの自然なかかわりのなかで、自然にみんなとあそべるようになっていくというものでした。それは、教育としては当然なことだと思いますし、子どもたちのほとんどが、ともだちとのかかわりを自然に学んでいるのだと思います。

　本書を読んでいただいている大人のみなさんも、自分が小さい頃にどうやってともだちをつくっていったのか、どうしてともだちとあそべるようになったのか、はっきり覚えていない方のほうが多いのだと思います。それくらい、自然な成長とともに、集団であそぶことができるようになるものです。

　実際に、幼稚園・保育園などでは、年中くらいの年齢になる頃から、一人ひとりであそんでいた子どもたちが、なんとなくみんなとかかわっていくような「ごっこあそび」「追いかけっこ」をするようになり、そこから徐々に「ルールがある鬼ごっこ」などの集団あそびへと成長していきます。

　発達段階がみんな同じなら、集団あそびへとスムーズに移行していくでしょう。しかし、個人の発達にはバラつきがあります。半年くらいのずれなら追いついていきますが、1年、もしくは数年の差がある場合があります。発達とは、知的な面だけではなく、運動面、社会

性など、さまざまな面をもっています。これらの一部分の発達がアンバランスであっても、ともだちとうまくあそべないことがあるのです。

　そんな子が小学校中学年になり、ともだちとあそびたいという気持ちが生まれたとき、同じ学年のともだちを見ると、あそびはより高度なものに発展していて、さらについていけなくなります。そんな子どもたちは、ひとり自分の世界であそぶしかなくなって、集団から孤立することがあります。そのことに本人が満足しているならば問題ありませんが、つらかったり、さびしい思いが募っていくことも多いでしょう。思春期になれば、それが不登校につながったりもします。ともだちとの接点がきわめて少ないなかで不登校になってしまった場合、学校に戻ったとしても、孤立感がなくなるわけではありません。

　さらに年齢が上がっていくと、みんなとあそんだり、ともだちとかかわったりという人間関係は、社会という大きな集団・組織のなかで不可欠なものとなります。思えば、ともだちと集団であそぶことは、社会のような大きな組織のなかで生きていくためのトレーニングになっていたとも言えるでしょう。

　幼稚園や小学校低学年のつまずきが、一生の失敗になるとは言いません。ただ、ともだちとたのしくあそべるようになることが、うまくいかないときにも自分を支えてくれるような社会性を伸ばす大きな手段であることはまちがいないと思います。

　私は、巡回相談にうかがうたびに、ともだちと自然にあそべない子どもたちの手助けになるものはないだろうかと、いつも思っていました。

　「みんなといっしょにあそびたい」と思ったとき、同年代のともだちは、自分たちのあそびに夢中ですから、ていねいに教えてくれたり、できるようになるまで待ってくれたりはしないものです。いっしょにあそべない子のことを、あそびをじゃまする存在のように思ったりもします。でも、あそんでいる集団にうまく入ることができると、ともだちと認識され、連帯感が生まれたりします。

　みんなといっしょにあそぶのが苦手で、体験を通してルールのあるあそびを理解することができないような子どもたちが、自分もともだちとあそびたいと思ったときに、あそびやゲームのルールやコツをイメージ化して学びやすいようにと本書をまとめました。

　まずは、あそびのルールの基本を知ることで、集団への参加がしやすくなります。慣れないうちは、自分に都合がいいように（自分が勝ちやすいように）ルールを勝手に変えてしまっ

て、みんなとあそべなくなることもよくあります。そのためにも、ゲームに勝てるようになるコツや、考え方についてもアドバイスしています。

　あそびは、地域やともだちのなかで、微妙にルールが違ったり、呼び方が違ったりするものです。最終的には、もっと楽しくあそべるように、自分たちであそび方をアレンジできるようになってもらいたいと思っています。

　家庭や学校・園のなかで、大人が練習相手になり、みんなとあそべる機会を少しでも増やすことで、「人とかかわるって楽しいな」「ともだちがいる学校に通うのは楽しいな」「こんなこともともだちといっしょにやってみたい」と、子どもたちが思えるようになってほしいと思います。

　「たのしい」「うれしい」という思いは、どんな薬や学習法にも勝る特効薬です。本書が子どもたちの「たのしい」「うれしい」体験を増やし、そのなかでさまざまな力が伸びる手助けになることを願っています。

著　者

著者紹介

■ 大畑　豊（おおはた　ゆたか）
　子どもの心と発達の相談ルーム「ここケット」代表。臨床心理士。

　大阪教育大学の修士を卒業後、10年以上、教育相談を数市で、また、学生相談なども経験し、もっと幅広い視点と立場でサポートをする仕事をしたいと思い独立。
　保護者面接や、子どものカウンセリング、ソーシャルスキルトレーニング、教師や保育士に対するコンサルテーションなどを行っています。スクールカウンセラー、保育園、幼稚園へのコンサルテーションや講演活動も。

　ここケットとは、子どもの心のブランケットの略で、ブランケットは小さいころに持っていると安心できた、やわらかいブランケットのようなものです。子どもの心に安心を与えたいという思いから名付けました。
　ここケットでは、相談や遊戯療法、ソーシャルスキルトレーニング、学習補助をしながら、月一度、保護者のためのセミナーと、教師（指導者）のためのセミナーも実施しています。モットーは、楽しく、わかりやすく、面接が終わったときから、次にこんなことをやってみたいと思える対応を心がけています。

　詳細は、http://www.cocoket.com をご覧ください。

本文イラスト：にしむらさちこ
装丁：髙橋哲也（アルファ・デザイン）
組版：山口美穂（エス・エヌ・ピー）

ソーシャルスキルとしてのあそび・ルール攻略ブック

2015年5月20日　第1刷発行

著　者　Ⓒ大畑　豊
発行者　竹村正治
発行所　株式会社　かもがわ出版
　　　　〒602-8119 京都市上京区堀川通出水西入
　　　　営業部　☎075-432-2868　FAX 075-432-2869
　　　　編集部　☎075-432-2934　FAX 075-417-2114
　　　　　　　　　　　　　　　　振替 01010-5-12436
　　　　http://www.kamogawa.co.jp

印　刷　シナノ書籍印刷株式会社

ISBN978-4-7803-0760-3　C0037

SST ワークシート ソーシャルスキルトレーニング

大好評

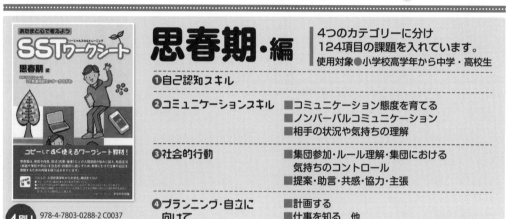

思春期・編

4つのカテゴリーに分け124項目の課題を入れています。
使用対象●小学校高学年から中学・高校生

❶ 自己認知スキル

❷ コミュニケーションスキル
- ■コミュニケーション態度を育てる
- ■ノンバーバルコミュニケーション
- ■相手の状況や気持ちの理解

❸ 社会的行動
- ■集団参加・ルール理解・集団における気持ちのコントロール
- ■提案・助言・共感・協力・主張

❹ プランニング・自立に向けて
- ■計画する
- ■仕事を知る 他

4刷！
978-4-7803-0288-2 C0037
B5判160頁 本体2000円

自己認知・コミュニケーションスキル・編

10刷！

ISBN978-4-7803-0380-3 C0037
本体1500円

社会的行動・編

10刷！

ISBN978-4-7803-0381-0 C0037
本体1800円

■自己認知スキル
■自分や家族を紹介する・自分を知る
自己紹介のやり方／どんな気持ちがするのかな／一日をふりかえってみましょう／予定通りに終わらないのはなぜかな？

■コミュニケーションスキル
■コミュニケーション態度を育てる
どうしてがまんしなくちゃいけないの？／授業中の態度は？／誰かが話を始めたら…／授業中、話しかけれたら
■会話を続ける・やりとりの流暢さ
わかりやすく話そう１（体験を話す）／いつ話せばいいの？／自分ばっかりしゃべらないで／上手な質問の仕方
■ノンバーバルコミュニケーション
ちょうどいい声の大きさ／同じ言葉でも言い方で意味がかわる／聞いてほしくないこと／人と話すときの距離は…
■相手の状況や気持ちの理解
年上の人にはなんて言えばいいのかな？／親切もほどほどに…／意見をゆずるのも大事／じょうだんで言ったこと

■集団参加
知っている人にあいさつをされたら／クラスのルールを守るって／そうじ当番／どうやって声をかける？／遊びからぬけるとき／予定があるのにさそわれたら／途中でぬけるのは…
■ルール理解・集団における気持ちのコントロール
一番がいい！／順番の決め方／一番ではなくてもいい理由／ジャンケンでタイミングよく出すには／ずるしていいの？／ルールを変えるのは？
■提案・助言・協力・共感・主張
一緒に遊びたいのに／上手な意見の伝え方／「いいよ」というのも提案のうち／友だちを手伝うときは／給食をこぼしてしまった友だちに／会話に入ってこない友だちに／ケンカになりそうな友だちに／悪口を言われた友だちのかばいかた／上手な応援／友だちが怒られているときには／授業中わからなくなったら／係の仕事を忘れた友だちに／心配ごとやきんちょうがあるときは／あやまっても許してもらえないとき／注意の仕方を考えよう